나만의 여행을 찾다보면 빛나는 순간을 발견한다.

잠깐 시간을 좀 멈춰봐.
잠깐 일상을 떠나 인생의 추억을 남겨보자.
후회없는 여행이 되도록
순간이 영원하도록
Dreams come true.

Right here.
세상 저 끝까지 가보게

New normal

뉴 노멀^{New normal} 이란?

흑사병이 창궐하면서 교회의 힘이 약화되면서 중세는 끝이 나고, 르네상스를 주도했던 두 도시, 시에나(왼쪽)와 피렌체(오른쪽)의 경쟁은 피렌체의 승리로 끝이 났다. 뉴 노멀 시대가 도래하면 새로운 시대에 누가 빨리 적응하느냐에 따라 운명을 가르게 된다.

전 세계는 코로나19 전과 후로 나뉜다고 해도 누구나 인정할 만큼 사람들의 생각은 많이 변했다. 이제 코로나 바이러스가 전 세계로 퍼진 상황과 코로나 바이러스를 극복하는 인간의 과정을 새로운 일상으로 받아들여야 하는 뉴 노멀New normal 시대가 왔다.

'뉴 노멀New normal'이란 시대 변화에 따라 과거의 표준이 더 통하지 않고 새로운 가치 표준이 세상의 변화를 주도하는 상태를 뜻하는 단어이다. 2008년 글로벌 금융위기를 겪으면서 세계 최대 채권 운용회사 핌코PIMCO의 최고 경영자 모하마드 엘 에리언Mohamed A. El-Erian이 그의 저서 '새로운 부의 탄생When Markets Collide'에서 저성장, 규제 강화, 소비 위축, 미국 시장의 영향력 감소 등을 위기 이후의 '뉴 노멀New normal' 현상으로 지목하면서 사람들에게 알려졌다.

코로나19는 소비와 생산을 비롯한 모든 경제방식과 사람들의 인식을 재구성하고 있다. 사람 간 접촉을 최소화하는 비대면을 뜻하는 단어인 언택트Untact 문화가 확산하면서 기업, 교육, 의료 업계는 비대면 온라인 서비스를 도입하면서 IT 산업이 급부상하고 있다. 바이러스가 사람간의 접촉을 통해 이루어지므로 사람간의 이동이 제한되면서 항공과 여행은 급제동이 걸리면서 해외로의 이동은 거의 제한되지만 국내 여행을 하면서 스트레스를 풀기도 한다.

소비의 개인화 추세에 따른 제품과 서비스 개발, 협업의 툴, 화상 회의, 넷플릭스 같은 홈 콘텐츠가 우리에게 다가오고 있으며, 문화산업에서도 온라인 콘텐츠 서비스가 성장하고 있다. 기업뿐만 아니라 삶을 살아가는 우리도 언택트Untact에 맞춘 서비스를 활성화하고 뉴 노멀New normal 시대에 대비할 필요가 있다.

뉴 노멀(New Normal) 여행

뉴 노멀New Normal 시대를 맞이하여 코로나 19이후 여행이 없어지는 일은 없지만 새로운 여행 트랜드가 나타나 우리의 여행을 바꿀 것이다. 그렇다면 어떤 여행의 형태가 우리에게 다가올 것인가? 생각해 보자.

■ 장기간의 여행이 가능해진다.

바이러스가 퍼지는 것을 막기 위해 재택근무를 할 수 밖에 없는 상황에 기업들은 재택근무를 대규모로 실시했다. 그리고 필요한 분야에서 가능하다는 사실을 알게 되었다. 재택근무가 가능해진다면 근무방식이 유연해질 수 있다. 미국의 실리콘밸리에서는 필요한 분야에서 오랜 시간 떨어져서 일하면서 근무 장소를 태평양 건너 동남아시아의 발리나 치앙마이에서 일하는 사람들도 있다.

이들은 '한 달 살기'라는 장기간의 여행을 하면서 자신이 원하는 대로 일하고 여행도 한다. 또한 동남아시아는 저렴한 물가와 임대가 가능하여 의식주가 저렴하게 해결할 수 있다. 실리콘밸리의 높은 주거 렌트 비용으로 고통을 받지 않지 않는 새로운 방법이 되기도 했다.

■ 자동차 여행으로 떨어져 이동한다.

유럽 여행을 한다면 대한민국에서 유럽까지 비행기를 통해 이동하게 된다. 유럽 내에서는 기차와 버스를 이용해 여행 도시로 이동하는 경우가 대부분이었지만 공항에서 차량을 렌트하여 도시와 도시를 이동하면서 여행하는 것이 더 안전하게 된다.

자동차여행은 쉽게 어디로든 이동할 수 있고 렌터카 비용도 기차보다 저렴하다. 기간이 길면 길수록, 3인 이상일수록 렌터카 비용은 저렴해져 기차나 버스보다 교통비용이 저렴해진다. 가족여행이나 친구간의 여행은 자동차로 여행하는 것이 더 저렴하고 안전하다.

■ 소도시 여행

여행이 귀한 시절에는 유럽 여행을 떠나면 언제 다시 유럽으로 올지 모르기 때문에 한 번에 유럽 전체를 한 달 이상의 기간으로 떠나 여행루트도 촘촘하게 만들고 비용도 저렴하도록 숙소도 호스텔에서 지내는 것이 일반적이었다. 하지만 여행을 떠나는 빈도가 늘어나면서 유럽을 한 번만 여행하고 모든 것을 다 보고 오겠다는 생각은 달라졌다.

유럽을 여행한다면 유럽의 다양한 음식과 문화를 느껴보기 위해 소도시 여행이 활성화되고 있었는데 뉴 노멀New Normal 시대가 시작한다면 사람들은 대도시보다는 소도시 여행을 선호할 것이다. 특히 유럽은 동유럽의 소도시로 떠나는 여행자가 증가하고 있었다. 그 현상은 앞으로 증가세가 높을 가능성이 있다.

■ 호캉스를 즐긴다.

타이완이나 동남아시아로 여행을 떠나는 방식도 좋은 호텔이나 리조트로 떠나고 맛있는 음식을 먹고 나이트 라이프를 즐기는 방식으로 달라지고 있다. 이런 여행을 '호캉스'라고 부르면서 젊은 여행자들이 짧은 기간 동안 여행지에서 즐기는 방식으로 시작했지만 이제는 세대에 구분 없이 호캉스를 즐기고 있다. 유럽에서는 아프리카와 가까운 지중해의 몰타가 호캉스를 즐기기 좋은 곳으로 유럽여행자들에게 인기를 끌고 있다.

코로나 바이러스로 인해 많은 관광지를 다 보고 돌아오는 여행이 아닌 가고 싶은 관광지와 맛좋은 음식도 중요하다. 이와 더불어 숙소에서 잠만 자고 나오는 것이 아닌 많은 것을 즐길 수 있는 호텔이나 리조트에 머무는 시간이 길어졌다. 심지어는 리조트에서만 3~4일을 머물다가 돌아오기도 한다.

자존감 정의

"자신에 대한 존엄성이 타인들의 외적인 인정이나 칭찬에 의한 것이 아니라 자신 내부의 성숙된 사고와 가치에 의해 얻어지는 개인의 의식"

자신감을 남을 기준으로 나를 보여주는 마음이고 자존감은 나를 기준으로 남에게 보여주는 마음이라고 자신감과 자존감을 나눈다고 한다. 여행을 하다보면 많은 일을 경험하게 되는데, 그것을 "어떻게 받아들이느냐"에 따라 여행이 행복해질 수도, 불행해질 수도 있다. 긍정적으로 조금 더 여유를 갖고, 스스로 즐기고 내가 주인공이 되기를 바란다.

Contents

■ Chapter 3 | 자녀에게 들려줄 유럽이야기 | 126

Intro

처음 유럽여행을 나의 자녀와 함께 떠나고 싶다면?

자녀와 함께 유럽여행을 한다는 것은 많은 부모의 꿈이다. 하지만 공부만 해야 하는 자녀들에게 유럽여행은 오랜 시간 다녀와야 하는 여행이기에 준비과정이 난감하다. 자녀와 함께 유럽여행을 깊이 있게 다녀오고 싶지만 쉽지 않다.

귀한 자식일수록 여행을 보내라는 평범한 진리를 실천하기란 부모로서 쉽지 않다 그러나 자녀와 함께 유럽여행의 도전은 때 묻지 않은 시선으로 세상과 만나 도리어 부모에게 울림을 줄 것이다. 자녀와 부모의 새로운 관계를 기대하면서 자녀가 유럽여행에서 자존감을 얻을 수 있다면 더할 나위 없이 좋을 것이다.

유적이 잘 보전되어 있고 사회적 지반 구조가 견실한 유럽 사회를 부모가 어린 자녀와 함께 여행하며 역사와 문화를 이야기할 수 있다면 자녀에게나 부모에게나 이보다 더한 축복이 어디 있겠는가? 여행은 어리석은 사람은 더욱 어리석게 만들고 지혜로운 사람은 더욱 지혜롭게 만든다고 하는데 한 번 시험해 보라. 당신의 자녀는 어리석을까? 지혜로울까? 뭔가를 알게 되면 그 다음에는 갈 길이 보이기 마련이니까!

자녀와의 유럽여행을 계획하고 있다면 필수적으로 어떻게 떠나야 할지 고민하게 된다. 유럽여행은 동남아시아와는 다르게 자녀에게 보여주고 싶은 것이 많은 부모의 심정 때문에 오히려 문제가 발생한다. 이때 여행에 대해 생각해 보고 자녀가 직접 유럽여행의 만족감을 느끼면서 자존감을 올릴 수 있는 방법이 필요하다.

방학이 되면 "유럽여행 가볼까?" 하고 누군가 종종 물어보지만 부모는 행동에 옮기기가 쉽지 않다. 아이가 있는 직장 동료들에게 들어서 주변 지인에게 전해들은 정보, 아니면 인터넷 검색 등으로 유럽여행을 자녀와 어떻게 갈 수 있는지 주로 찾아본다.
소통이 가장 중요한 시대의 화두가 되었다. 소통은 인간관계에만 국한된 것이 아니다. 자신과의 소통, 타인과의 소통, 자연과의 소통까지를 포함한다. 생각이란 경험의 축적이다. 학교와 학원만을 오가며 지식공부만 공부라고 생각하는 학생들이 과연 글로벌한 세상에 적응하고 행복한 삶을 살 수 있을까?

선진문화를 가진 유럽을 여행하는 것은 지구촌을 이해하고 글로벌한 리더로 성장하는데 많은 도움이 될 것이다. 특히 부모와 함께 여행을 한다면 사랑과 추억을 동시에 얻을 수 있는 기회가 될 것이다. 단순한 유럽여행을 다녀오는 것에 만족하지 않고 자녀가 자존감을 얻을 수 있는 방법을 친절하게 알려주고 있다.

여행 전 상상 속에서 자녀와 함께 체험할 수 있는 유럽 자존감여행 실용서 라는 데 눈길을 끈다. 유럽 여행에 있어 대부분의 수동적인 자녀와 함께 즐기는 체험 정보를 주고 주도적인 여행플랜을 짜게 했으며, 각종 프로그램으로 편집해 놓은 책은 보지 못했다. 단순한 유럽여행 정보를 얻기 위한 책이 아니고 자녀가 주도할 수 있는 유럽여행을 계획하여 자녀의 자존감을 올릴 수 있는 가이드북이다.

자존감을 올릴 수 있는 테마로 자녀와 함께 떠나도록 유럽 여행을 소개하고 있다. 유럽에서 단순히 여행만 하는 것이 아니라 다양한 프로그램으로 함께 재미있는 유럽여행을 즐길 수 있다. 아이와 여행 다니는데 준비가 익숙하지 않은 사람들을 위한 정보라서 여행지 정보만큼이나 도움이 되었던 필수 확인 사항들이 많다. 여행을 가기 전에 해당 내용들을 다시 한 번 읽어 보면서 아이 짐을 빠뜨리는 일이 없도록 체크하는 데 많은 도움을 얻을 수 있다.
자녀와 유럽여행을 하려면, 준비가 철저해야 한다. 그런데 철저한 준비가 무엇인지 모른다. 자녀와 함께 박물관이나 미술관등 어떤 명소에 가 봐도 이해도 못하고 뻘쭘하게 보고 오는 유럽여행은 시간낭비, 비용낭비이다.

그 대신 준비를 철저히 했다면 괜찮은데 그렇게 다녀오는 부모도 많지 않고, 겨우 여행책자 한권 들고 가기만 하니 그냥 유명한데 가서 사진 찍고 오는 게 전부이다. 이젠 그런 여행문화에서 자녀와 함께 배우고 익히고 여유를 가지고 즐기면서 자녀는 자연스럽게 자존감을 느끼며 자신을 생각해볼 수 있는 유럽여행으로 옮겨가야 한다.

처음 자녀와 함께 떠나는 유럽여행은 생각만 해도 고민될 것이다. 패키지로 가자니 너무 정신없고 개인시간도 못 즐기고 자녀를 데리고 자유여행 가자니 준비 사항이 너무 많다. 유럽 여행은 시내를 걸어서 낭만을 즐기고 나라와 도시 간 이동을 하면서 자녀와 재미있는 프로그램이 있어야 평생의 추억으로 남는 유럽여행이 가능하다. 전문가가 자녀가 주도하면서 유럽으로 자존감여행을 다녀올 수 있는 설명을 소상히 하고 있다. 같이 배우고 익히면서 유럽여행을 다녀오도록 용기를 드릴 것이다.

자녀와 함께 추억을 갖고 싶어 하는 부모님들이 유럽여행을 조금 더 간편하고 만족하게 다녀올 수 있는 프로그램으로 만든 새로운 책이다. 부모와 함께 사랑으로 소통으로 세상을 만들어 가기를 바라는 자녀들에게 아름다운 추억과 희망이 넘치는 삶의 기준을 제공해줄 수 있는 지혜로운 책으로 만들고 싶었다.

처음 자녀와 함께 떠나는 유럽 자존감여행은 부유한 집 아이들의 호사스런 유럽여행 안내서가 아니다. 효과적이지 않은 학습내용을 반복적으로 주입하기 위해 자녀들에게 값비싼 사교육을 시키는 것 보다 부모가 자녀와 배낭을 메고 같이 유럽을 여행하는 것이 훨씬 의미 있는 교육이라고 확신하도록 구성한 책이다.

단순히 내 자녀와 함께 떠나는 유럽여행은 이젠 그만!

자녀에게 필요한 프로그램과 미션을 가지고 재미있고 유익한 유럽여행을 떠나자!!!

처음 자녀와 함께 하는 유럽 자존감여행이 소개하는 유럽여행 프로그램은 재미있지만 교과서적이다. 자녀와 함께 행복하고 편안한 유럽 여행을 위해 유럽 코스 계획부터 실제 여행, 귀국까지 한 권으로 끝내는 노하우를 공개한다.

여행전문가가 쉽게 유럽여행의 역사부터 유럽을 즐기는 최신 여행, 노하우를 공개했다. 참 쉬운 유럽 여행노하우, 아이와 함께 여행코스 짜기, 자녀와 함께 하는 유럽여행 프로그램, 각 도시별 핵심도보여행, 아이가 주문하는 경제적인 식사법, 싸고 편한 숙소 찾기 요령 등등 알짜 정보만 따라가면 유럽여행이 쉽게 다가올 것이다.
사실 유럽여행을 떠날 때 가장 중요한 것이 짐을 싸는 방법이다. 아이의 필수품 리스트만 보여주는 것이 아니라 필수템을 어떤 식으로 분배해서 휴대할 가방에 넣고, 나머지는 큰 가방에 넣어 두어야 하는 등 정리가 잘 안 되는 부모에게 정말 유용한 정보이다.

유럽여행을 할 수 있는 프로그램에 자녀와 여행 계획을 짤 때 유용하게 활용할 수 있도록 구성되어 있다.

처음 자녀와 함께 떠나는 유럽여행

자녀와의 여행을 가기로 마음먹었다면 나의 즐거움은 다음으로 미루는 것이 정신 건강에 좋다. 이 여행을 통해 얻게 되는 가장 큰 수확은 여행을 통해 자녀가 즐거워하는 모습을 내 눈으로 담을 수 있다는 것이다. 그리고 다녀와서 자녀가 주변의 친구들에게 자신과 여행을 함께 다녀왔다고 자랑할 거리를 만들어 주는 것으로 충분하다. 내가 사랑하는 자녀를 위해 유럽 여행하는 기간 동안 나를 잠시 내려놓는 것이 바로 자녀와의 여행을 해피엔딩으로 이루는 방법이다.

■ 자녀의 여행 성향을 파악해 여행지를 정한다.

사람마다 입맛이 다르듯 여행에는 취향이라는 게 있다. 개인적으로는 관광지보다는 소도시, 사진 찍기보다 맛있는 거 먹기에 중점을 두는 여행이 취향이다. 하지만 체력이 빵빵한 자녀와 또 자녀 취향이 중요한 시대에 자녀를 파악하는 것은 중요하다. 가장 먼저 자녀에게 가고 싶은 여행지를 물어보고 이유를 들어보는 것이 첫 번째이다.

🟦 자녀에게 질문하라!

숙박비 아껴서 먹는 것에 투자를 할지 무조건 잠자리가 좋은 곳에서 머물 지부터 유유자적 산책하는 여행을 할지 도전적으로 보고 싶은 것을 많이 보고 싶을 지에 대해 가기 전에 이야기는 해봐야 한다. 특히 유럽여행은 보고 먹을 것이 많은 여행이기 때문에 여행을 하다보면 변수가 많이 발생하지만 미리 이야기하고 대화가 시작된 상태에서 여행하는 중간에 변경하는 일정은 여행의 다른 재미가 될 수 있다.

■ 자녀와의 여행은 짐 싸는 것부터 달라야 한다.

나의 여행과 자녀와의 여행은 여행의 결 자체가 다르다. 그러니 여행할 때 짐 싸는 것부터 철저하게 준비해야 한다. 의외로 처음 유럽여행을 떠나면 초기에는 한식 마니아가 된 자녀를 발견한다. 자녀를 위해 캐리어의 반은 누룽지나 김, 튜브 고추장, 라면 수프로 채운 부모들도 보았다. 하지만 요즈음은 워낙 한국 음식점이나 한국 식자재를 파는 곳이 많아서 짐을 줄일 수 있다. 대신 숙소 가까이 있는 한국 음식점, 한국 식자재 판매점의 위치를 파악해 놓고 비상시 언제든지 갈 수 있게 동선을 짜 놓는다.

▧ 준비물은 꼭 준비해야 고생하지 않는다.

넉넉한 비상약은 기본으로 준비해야 하며 자외선 차단 용품, 큰 글씨 현지어로 숙소의 주소와 연락처는 사전에 미리 프린트를 하여 자녀의 가방에 들어가 있는 것이 길을 잃어버린 다거나 서로 헤어지게 되는 상황에서 자녀에게 대처할 수 있는 능력을 가지게 한다.

■ 여행지에서는 나의 역할은 멀티 플레이어야 한다.

여행지에서 나의 역할이 궁금할 때 가장 참고하기 좋은 것은 바로 멀티플레이어라는 단어
이다. 나는 때로는 짐꾼, 네비게이터, 통역사, 포토그래퍼, 요리사 등 그 어떠한 상황이 닥
쳤을 때 만능으로 변신해야 한다. 그러나 주된 여행의 역할은 나의 자녀이다.
오직 자녀는 부모만 믿고 여행을 온 상황이면 자녀는 나에게 무한대의 인내와 새로운 역할
을 요구한다. 최선의 서비스를 제공해야 할 의무는 있지만 나의 역할은 분명히 도우미역할
이 되어야 유럽여행이 재미가 있다. 항상 평정심과 인내심을 가지고 무수한 상황에 대비해
야 한다.

■ 여행의 마무리는 포토북 만한 게 없다.

자녀 세대에 많은 여행자는 여행에서 남는 것은 사진뿐이라 생각한다. SNS가 발달한 요즈
음 사진은 사진 그 이상의 의미이다. 예전처럼 사진을 찍어 현상해 앨범에 끼우는 일이 번
거롭다 보니 요즈음에는 사진은 카메라나 스마트폰에 저장되어 있는 존재일 수 있다. 하지
만 추억을 들추어내는 역할은 포토북 만한 것이 없다. 포토북을 만들어 두면 여행지마다
한 권씩 책이 쌓여 언제든 꺼내 보는 것도 간편하고 무엇보다 꺼내어 서로 이야기하기 쉽
다. 비교적 시간도 비용도 투자해야 하지만 그 이상으로 효과가 좋은 게 포토북이다.
흐뭇한 눈빛으로 포토북을 보는 자녀를 볼 때면 부모가 더 나이가 들기 전에 한 번 더 여행
을 떠나야겠다는 생각을 하게 될 것이다.

중 · 고등학생 자녀와 떠나는 유럽여행의 장점

자녀와의 여행이 많겠지만 유럽여행은 긴 기간을 다녀온다. 단순한 여행이 아니라 여행 동안 자녀와 함께 경험하고 깨달은 것이 많을 수 있다. 이때 중, 고등학생은 공부에 지친 상태에서 남들은 공부할 때에 떠난다는 걱정이 부모와 자녀가 동시에 가지게 되는 생각이다. 그렇지만 여행이 다시 공부할 수 있는 힘을 줄 수도 있고 새로운 생각을 가지게 되는 계기가 될 수도 있다.

■ 새로움

짧은 여행에서는 느낄 수 없는 긴 여행만의 묘미와 깊이가 있다. 그래서 인생을 살면서 자주는 아니더라도 한 번은 긴 여행을 떠나라고 권하고 싶다.

평상시에는 쉽지 않을 것이다. 하지만 자녀와 함께 여행을 다녀올 수 있는 전환기를 앞두고 있다면 유럽 여행을 권한다. 유럽여행은 기간이 길어서 삶 자체를 새롭게 할 수 있는 커다란 영향력을 가지고 있기 때문이다.

■ 휴식

시간부자란 시간이 많은 사람이 아니다. 시간부자란 자신에 맞게 삶의 속도를 조절할 줄 알고 그 순간에 빠져들어 오염되지 않은 시간을 보낼 수 있는 사람이다. 그러므로 시간에 대한 주도권을 되찾지 못한다면 아무리 시간이 많다고 해도 우리는 온전한 휴식을 취할 수 없으며 타임 푸어가 될 수밖에 없다. 여행은 자녀에게 페이스를 되찾고 주도적으로 시간을 쓰는 방법을 익힐 수 있는 중요한 기회이다.

■ 자유

우리는 낯선 여행지에서 자신의 꼬리표를 떼어놓는다. 내가 누구이고 무슨 일을 하고 어떤 사람인지 아는 이가 없기 때문이다. 여행지에서 우리는 익명성을 획득하는 것이다. 그렇기에 우리는 여행지에서 평소보다 자유롭게 행동할 수 있다. 때로는 자녀에게 알지 못했던 새로운 욕망과 새로운 모습을 발견하기도 한다. 여행은 익숙한 일상으로부터 일탈일 뿐만 아니라 익숙한 자기로부터의 일탈이기도 하다.

■ 취향

우리의 취향은 고정된 게 아니다. 여행을 통해 평소에는 관심이 없었던 자녀의 새로운 취향에 눈을 뜰 수도 있다. 미술관에서 화가의 작품을 보고 감동을 받아 미술에 눈을 뜨거나 미술관에서 강렬하게 말을 걸어오는 어떤 작품을 보고는 그림에 깊은 관심을 가질 수도 있다.

■ 치유

우리는 먼 곳에 대한 동경을 감출 수 없으며 더 큰 존재와의 합일을 그리워하는 상처받은 존재들이다. 자녀는 현실에 지치고 친구들에게 상처받으면 그 동경심은 더욱 커진다. 무언가를 그리워하고 어딘가로 떠나고 싶어진다. 가장 대표적인 방법이 바로 여행이다. 모성을 가진 존재는 치유적이며 그중에 여행은 최고의 치유자이다.

■ 도전

우리가 여행을 갈망하는 것은 단지 쉬고 싶고 놀고 싶어서가 아니다. 우리는 도전을 통해 더 성장하기 위해 여행을 떠난다. 성장의 본능이 우리를 여행으로 이끄는 것이다. 여행을 떠나면 종종 커다란 장애물을 마주할 것이다. 뛰어넘어라 그 장애물은 생각하는 것만큼 높지는 않다. 아니 자녀는 생각하는 것 이상 높이 뛰어오를 것이다. 자녀는 우리가 생각하는 것보다 용기 있는 존재들이기 때문이다.

■ 행복

우리에게는 삶의 의미를 넘어서는 삶의 체험이 필요하다. 살아있다는 느낌이 필요하다. 자녀도 마찬가지이다. 심장의 두근거림과 가슴의 떨림이 필요하다. 여행은 우리에게 그런 느낌을 준다. 그렇기에 삶이 말라간다고 느낄 때 죽지 못해 살아간다고 느낄 때 뜨거웠던 피가 식었다고 느낄 때 자기를 잃어버렸다고 느낄 때 우리는 여행을 떠난다. 내 영혼의 박동을 듣기 위해서 내가 진짜 살아있다는 것을 느끼기 위해서 자녀와 나는 유럽여행에서 느낄 수 있다.

유연함

자녀와의 여행에서 예상하지 못했던 상황이 닥쳤다고 해서 여행을 망친 것은 아니다. 오히려 예정에도 없는 새로운 경험이 시작된 것이니 기뻐하고 환영할 일이다. 예정에도 없는 일을 반갑게 맞이하는 것 머무르고 싶을 때 머무르고 떠나고 싶을 때 유럽여행은 최적의 상황을 만들어준다. 계획된 여정을 따라가는 것이 아니라 즉흥적인 여행을 만들어가는 것이 바로 살아있는 여행이며 자녀와 함께 우리가 여행을 떠나는 이유이다.

각성

깨달음은 특별한 사람만이 경험하거나, 어떤 특정 방식으로만 얻을 수 있거나 반드시 아주 많은 시간을 들여 노력해야만 얻어지는 것이 아니다. 자아의 틀 밖으로 이끄는 모든 자각과 내적 경험을 깨달음이라 할 수 있다. 자녀와 부모는 여행에서 우리는 크고 작은 깨달음을 얻는다. 자녀는 여행에서 우선 시야부터 달라지게 만들 것이다.

유럽의 사계절

대서양의 온화한 기후는 비교적 연중 내내 습도가 높고 기온은 적당히 유지된다. 지중해성 기후는 연중 내내 건조하고 강한 햇빛이 내리쬐지만 겨울에는 온화하고 비가 자주 내린다.

여름
Summer

유럽의 여름은 6~9월까지로 가장 화창한 날씨 때문에 전 세계의 관광객이 몰려든다. 남부유럽의 이탈리아, 그리스는 봄이나 가을까지 1, 2개월 더 온화한 날씨가 지속되어 5~10월까지 여행에 적합하다.

처음 유럽여행을 가려면 여름에 가는 것이 좋다. 날씨도 따뜻하고 낮도 길어서 다양한 문화행사를 볼 수 있다. 반면에 도시에 관광객들로 혼잡해지고 숙박비도 비싸지며 남부유럽은 날씨가 찌는 듯이 더워져 이탈리아는 대한민국의 여름처럼 습하기까지 하다.

7월 말부터는 특히 휴가를 맞은 관광객들 때문에 전 유럽은 여행 중일 것이다. 8월은 여행객들이 몰려들어서 가장 여행하기 힘든 시기가 될 것이다. 혼잡함이나 비싼 가격을 피하려면 6월이 7월보다, 7월이 8월보다 낫다.

봄/가을
Spring/Autumn

유럽여행은 하고 싶은 것, 보고 싶은 관광지에 따라 적당한 여행시기가 정해진다. 여행일정에 따라 달라지기도 하지만 가장 선호하는 여행 시기는 5월 말부터 6월 중순, 9월은 관광객들이 아직 오지 않고, 관광객이 여행을 끝낸 시기이기 때문에 가격은 저렴해지고 날씨도 온화하다. 봄과 가을은 여름과 겨울보다 습도가 더 높고 바람이 많이 분다.

겨울
Winter

겨울은 유럽여행의 목적에 따라 가볼만하다. 여름에 비해 겨울에는 관광객이 적지만 크리스마스나 새해에는 상당히 관광객이 많다. 이 시기를 제외하면 겨울철에 관광객이 훨씬 적어지고 숙박비나 전체적인 여행물가도 현저히 떨어진다. 겨울에는 파리, 비엔나, 체코, 에스토니아의 크리스마스 마켓을 보거나 북유럽의 오로라를 보러가는 여행이 인기를 끌고 있다.

여행의 장점 6가지

■ 자신감 회복

2008년 미국 금융위기 이후로 전 세계는 장기 경제침체 때문에 힘든 나날을 보내며 힘든 자신에게 관심을 쏟기 시작했다. 힘든 일상에서 사는 우리는 힐링을 하지 않으면 살 수 없는 세상이 되었다. 우리에게 지금 필요한 것은 자신감 회복이다. 자신감을 회복하려면 제일 먼저 자신을 돌아보는 일이 필요하다. 자신을 돌아보면서 나 스스로를 소중히 여기는 자존감회복이 첫 번째 목적이다.

여행을 하면서 새로운 지역으로 이동을 해야 하고 많은 사람들을 만난다. 어려운 난관을 극복하면서 여행을 하면 나도 모르게 자신감을 회복할 수 있다. 한번은 유럽에서 돌아오는 비행기를 탑승했는데 많은 대학생이 타고 있는 것이었다. 유럽여행을 다녀온 학생들이 많은 비행기였는데 돌아오는 내내 자신의 여행에 대한 이야기를 풀어놓느라고 오는 내내 시끄러웠다. 그들의 이야기는 대부분 좌충우돌하는 유럽여행이야기였다. 너무 자랑스럽게 여행에피소드를 풀어놓는 그들의 말투에 자신감이 넘쳐나는 목소리를 들으며 여행이 자신감 회복에 도움을 줄 수 있다는 확신을 하게 되었다.

■ 대인관계 능력 향상

어렸을 때부터 경쟁이 심한 환경에서 성장한 우리는 대인관계에 서툰 경우가 많다. 경쟁에서 소외된 사람들은 은둔자나 실패자로 몰리면서 더욱 인간관계를 싫어하게 되고 사건, 사고가 심심치 않게 생겨나고 있다. 인간의 대인관계능력은 사회생활을 하는데 있어 중요한 요소이다. 아무리 좋은 대학교를 나온들 대인관계가 힘들다면 사회생활을 하지 못하고 개인 생활에 문제가 생기게 된다.

지금 대한민국은 성공한 사람이든 실패한 사람이든 대인관계를 회복하여 서로에게 도움이 되는 사람으로 생활하면서 도움을 주고받는 커뮤니케이션 능력이 필요해 보인다. 여행을 하면 좋든 싫든 여러 나라의 사람들과 대화를 해야 한다. 새로운 관광지를 가려면 역무원에게 물어봐야 하고 투어를 예약하려면 대화를 해야 한다. 그러다가 문제가 생기면 더욱 많은 대화를 나누면서 새롭게 만나는 사람들의 도움을 받기도 한다. 이런 과정을 통해 대인관계능력이 향상된 느낌을 받을 수 있다.

▉ 대화 기술 향상

대인관계 능력을 향상시키려면 사람들과 이야기를 하는 커뮤니케이션 기술이 필요하다. 그것은 단순한 기술이 아니라 자신감을 높이면서 다른 사람이 즐거워하는 기술이 필요하다.

▉ 자신의 내면 조절 능력 향상

자신감을 회복하고 대인관계를 향상하려고 해도 자신의 내면에서 자신을 다룰 줄 아는 조절능력이 있지 않으면 힘든 상황에서 쉽게 무너질 수 있다. 그러므로 반드시 자신과 대화하면서 자신을 다룰 줄 아는 내면조절 리더십을 향상시켜야 한다. 각 나라의 문화와 환경에 맞추며 여행하기 때문에 내면 조절능력이 향상된다.

▉ 자신의 스트레스 통제

사회생활에서는 필연적으로 갈등이 생기게 된다. 갈등이 생기면 타인에게 상처를 받기도 하지만 타인에게 도움을 받기도 한다. 사람은 누구나 사회생활에서 주고받는 관계이기 때문에 그때마다 타인에게 의존할 수도 없다. 자신의 스트레스를 어느 정도 통제하며 타인에게 도움을 받는다면 사회생활의 필요성을 절감하면서 긍정마인드를 지속적으로 갖게 되어 어려움도 극복할 수 있는 자신을 보게 된다.

▉ 긍정마인드 향상

인간 사회를 살아가는 것은 쉽지 않다. 특히 경쟁이 치열한 대한민국에 사는 것은 더욱 쉽지 않다. 대한민국에서 치열한 경쟁속에서 남을 밟고 일어서는 경쟁은 필수적으로 상처를 남기게 되고 그 상처는 결국 자신에게 돌아온다. 다같이 상생하는 법을 배우지 않으면 생활할 수 없다. 항상 자신을 다독거리는 긍정마인드를 향상시켜 새로운 '나'를 만들어가야 한다.

여행하는 데 필요한 것은?

요즈음 많은 여행 TV 프로그램이 방송을 하고 있다. 다들 놀면서 돈 벌고 좋겠다!, 나는 언제 여행을 떠날 수 있나? 라는 혼잣말을 하지 않았나? 여행을 떠나라고 강의를 하고 나면 강의가 끝난 후 많은 질문이 나온다. 대부분의 질문은 5가지로 요약된다.

1. 여행경비를 감당할 수 있을까?
2. 내가 여행을 가면 남아 있는 가족은 어떻게 하나?
3. 영어를 못하는데 여행지를 돌아다닐 수 있을까?
4. 소극적인 나는 여행지에서 외국인과 대화를 할 수 있을까?
5. 그냥 겁이 나는데 갈 수 있을까? 이다.

누구나 생각으로 대부분은 여행을 선택하지 못하고 금전적으로 돈이 안 들고, 안락한 집을 선택한다. 쉽고 편안한 현실을 받아들이게 되는 경우가 많은 것이 대부분이다. 그러나 언제 나의 자녀와 오랜 시간 같이 여행을 다녀올 수 있을까?라고 물어보라. 앞으로 다시 기회가 생기겠지? 라고 생각하겠지만 기회는 쉽게 오지 않는다. 당신에게 내일도 그 내일도 충분한 여유가 생기지 않을 것이며, 새로운 유형의 걱정거리는 생겨날 것이다. 다시 여행을 가고 싶어도 또 다른 이유가 생겨날 것이다. 누구에게나 완벽한 기회는 생겨나지 않을 것이다.

■ 무엇이 무려운가?

유럽여행을 실행에 옮기려는 많은 부모들의 고민은 여행을 가는 자체가 아니라 가기 전의 두려움이다. 유럽여행을 가기 위해서는 금전적인 문제가 가장 크다. 하지만 금전적인 문제도 결국 마음의 문제에 달려 있다. 여행을 떠나기 전의 두려움이 유럽여행을 막는 가장 큰 문제가 아닐까? 유럽여행을 가기 전 떠나야 하는 강한 동기가 필요한 경우가 많다.
두려움을 버리고 자녀의 인생에서 나의 인생에서 큰 변화를 시도할 때 많은 생각이 마음속에 생겨나는 것은 어쩔 수 없다. 자녀가 여행을 가지 않고 학원에 가거나 따로 공부를 한다면 인생에서 더 많은 도움을 받는다고 생각하는 부모가 더 많겠지만 한 사람의 인생에서 부모와 함께한 유럽여행은 자녀의 삶에 커다란 변화를 이끌어 낼 수도 있다.

지자체의 평생 학습관에서 강의를 하고 나서 한 퇴사자가 "유럽여행을 가야할까요?" 라고 물어보았다. 여행자체의 필요성에 대해 공감은 하지만 과연 많은 돈이 들어가는 유럽여행을 가야할까? 이 심리는 여행을 떠나고 싶지만 두렵기도 한 심리가 깔려 있다. 유럽은 그렇게 위험하지 않다.
요즈음 테러가 일반화된 것처럼 뉴스에 나오지만 유럽이 위험하지는 않다. 세상은 생각보다 그렇게 무섭지 않다. 런던이나 파리 등에서 강도를 만날 확률이나 우리나라에서 강도를 만날 경우이나 별반 다르지 않다. 위험에 대비하는 것은 중요하지만 유럽 여행 중에 큰일을 당한 경우는 많지 않다. 유럽여행 중에 당할 가장 큰 확률의 문제는 도둑이 많은 로마나 파리에서 나의 물건을 잃어버릴 확률이다. 이때를 대비해서 여행자보험을 반드시 들어놓고 도난을 당하더라도 보상을 받도록 대비하는 것이 좋다.

■ 유럽 여행 코스 만들기

유럽여행에서 가장 문제가 되는 것이 여행일정이다. 유럽의 건축물 위주로 보기만 하면 재미가 없어진다. 그래서 유럽여행을 다녀오면 기억에 남지 않는 것을 생각해야 한다. 욕심으로 여행을 가기 때문에 여행이 재미가 없고 기억에 남는 것이 없다는 사실을 인지하는 것이 좋다. 아무리 힘들게 간 유럽여행이라도 여행일정은 자신에게 맞추어 여유 있게 계획하자.

유럽의 도시를 여행한다고 도시의 모든 것을 보려고 돌아다니지 말고 꼭 봐야 하는 필수적인 부분을 제외하고는 내가 좋아하고 원하는지 의사를 자신에게 물어보고 여행하는 것이 좋다. 기억에 남고 재미가 있어야 유럽여행에서 기억하는 부분이 많아진다. 재미없는 유럽여행을 부모의 욕심에 따라 여행하는 경향이 있다는 사실을 기억하고 여유롭고 재미있는 여행을 한다는 목표를 세우자.

책에는 없는 미리 알고 떠나면 편한 유럽여행 노하우

1 도시의 외곽에 숙소를 정하지 말자. 교통비가 더 많이 든다.

2 무리하게 오이스터같은 교통카드를 구입하지 말자. 여행기간이 짧아 환급받으려고 할 때 환급받는 시간이 너무 많이 소요되어 환급하지 못하는 경우도 많다.

3 도시 내에서의 여행코스는 걸어서 다닐 수 있는 곳 위주로 계획하자. 코스만 잘 계획 하면 대중교통을 이용하는 것보다 빠르다.

4 저가항공이 기차보다 저렴하다. 현재 유럽여행은 저가항공을 이용하는 것이 대세이 다. 여행국가가 많지 않다면 저가항공을 일찍 예약해 저렴하게 이동할 수 있다.

5 짐이 무거우면 여행을 망친다. 유럽은 거리에 돌이 많아 평평하지 않고 지하철도 에 스컬레이터가 없는 곳도 많아 짐이 무거우면 여행이 힘들다.

유럽여행에서 당신이 얻을 수 있는 것은 무엇인가?

■ 놀라운 발전을 바라보게 된다.

내성적인 성격이라도 적극적인 행동으로 준비하고 서로 도와주면서 여행해야 웃으며 돌아올 수 있다. 이것은 인생과도 닮아있다. 인생도 목표를 설정하고, 힘들더라도 서로서로 도움을 주고받으면서, 자신의 새로운 모습을 보게 되는데 여행을 하면서 점점 자신의 달라진 모습을 보게 될 것이다.

■ 여행마다 독특한 가치를 생각한다.

여행을 하면서 얻게 되는 독특한 가치를 생각하고 여행마다 차이점을 비교하면서 각 나에 대한 새로운 마인드를 갖게 된다. 새로운 여행지에서 해외의 다양한 사람들과 만나면서 새로운 꿈을 꿀 수 있고 문화도 배울 수 있다.

■ 오래된 세월 동안 검증된 천재들의 경험을 느끼게 된다.

유럽의 오래된 건축물과 그림, 음악을 보고 들으면서 수많은 거장의 건축물과 그림을 보게 되는 경험은 특별하다. 책을 읽지 않아도 직접 보는 경험을 하면서 새로운 지식을 탐구하게 되고 건축물이나 그림을 보면서 탄생하게 된 이야기에 감동하게 된다. 관광지에서 만나는 사람들은 아무 인연이 없지만 서로에게 친절하고 도움을 주고 받으며 마음이 안정되기 시작한다.

■ 돌아오는 비행기는 상장과 같다.

유럽여행을 마치고 돌아오는 마지막 날 자신에게 '상장'을 주겠다고 결심하자. 매일 꾸준히 유럽여행을 마친 나는 평생 기억에 남는 상장을 주도록 하자. 유럽여행에서 당신에게 닥친 어려움을 극복하면 돌아오는 비행기에서 새로운 꿈을 꿀 수 있을 것이다.

유럽여행을 재미있게 다녀오는 노하우

■ 각 도시에 대한 사전 지식은 반드시 읽어보고
유럽여행을 가야한다.

유럽여행을 떠나면서 사전에 가이드북을 읽지 않고 가는 것은 좋지 않다. 가이드북은 많은
양의 관련 정보가 나와 보기 싫을 수도 있다. 지도를 보고 찾아가면서 유럽여행이 되어야
재미가 있고 만족도가 높다. 기억할 정도의 나라와 관광지 정보를 사전에 인지하고 지도를
사전에 표시를 하면서 보아야 자신감이 넘치는 유럽여행을 할 수 있다.

▨ 아침에 너무 일찍 출발하면 힘들다.

욕심이 유럽여행을 망칠 수 있다. 유럽의 각 도시는 차량의 도심 진입이 제한되어 대중교
통과 자신의 발로 여행을 해야 한다.
평소에 많이 걷지 않았기 때문에 생소한 환경과 걸으면서 관광지를 다니는 여행에 금방 싫
다는 표현을 하게 된다. 그런데도 힘들게 온 유럽여행이라 많은 관광지를 보려고 하기 때
문에 아침 일찍 출발하려고 한다.
유럽여행에서 아침에 일찍 출발하고 나면 숙소에는 저녁에나 들어오는데 피곤하면 여행
이 힘들다. 여행의 기분을 내면서 천천히 출발하는 것이 더 좋은 결과를 내게 된다.

■ 도시 내에서 여행하는 코스는 계획하자.

도시 내에서 숙소를 정한 상태에서 여행을 하면 하루 동안 이동할 여행루트가 나온다. 이때 여행의 출발 전이나 출발한 후에도 다음날 이동하는 여행코스는 지도를 보면서 보고 싶은 관광지를 정하도록 한다. 이때 정하고 나면 박물관과 미술관 등을 무리하게 넣지 않는 것이 좋다.

■ 박물관, 미술관, 성당을 하루에 2개 이상 보는 것은 지양하자.

유럽여행에서 박물관과 미술관, 교회와 성당은 지겹도록 본다. 그런데 우리는 대부분 싫어한다. 왜? 재미없는 부분이기 때문이다. 유럽여행을 왔으니 꼭 봐야 한다고 자녀에게 이야기를 해봐야 '소귀에 경읽기' 같은 말이다. 박물관과 미술관 위주로 보면 좋겠다고 생각해 정하지만 정작 관심이 없다. 가장 최악은 사전에 박물관과 미술관, 성당에 대한 사전 지식이 없이 찾아가는 것이 가장 무의미한 결과가 나오는데 의외로 이런 경우가 빈번하다.

관련 지식을 미리 공부해도 재미가 없으니 박물관과 미술관을 하루에 2개 이상은 보지 않는 것이 좋다. 관심이 떨어진 상태에서 보는 박물관과 미술관은 효과가 떨어지게 된다.

■ 다른 도시로 이동하는 경우,
   출발시간보다 최소 30분은 미리 도착해야 한다.

기차나 버스, 항공기의 시간이 미리 결정되어 출발 전에 티켓을 구입해 왔기 때문에 바꾸는 것이 불가능하니 시간을 정확히 지켜야 한다. 유럽여행에서 의외로 기차나 버스, 비행기를 놓치는 경우가 빈번하다. 출발시간에 임박해 도착하면 출발 게이트나 정거장을 찾지 못하는 상황이 많이 발생한다.

유럽의 기차는 플랫폼이 기차에 따라 결정이 되어 바뀌는데 역에서 먼 승강장일 때도 있고 다른 건물의 승강장일 때도 있다. 미리 도착해 여유롭게 플랫폼을 확인하고 기다려야 한다. 우리나라처럼 시스템도 빠르지 않고 답답한 경우도 있어서 플랫폼을 확인하고 역이나 공항에서 식사를 하는 것이 좋다. 만약 놓치는 상황이 발생한다면 그 다음의 숙소와 일정은 모두 다 바뀌는 최악의 상황이 발생하는데 그렇다면 유럽여행은 최악의 상황으로 빠지게 된다.

■ 힘들고 피곤하면 쉬어야 한다.

어렵게 온 유럽여행이니 무리하게 여행루트를 만들어 다니면 지치게 된다. 피곤이 몰려오기 때문에 쉬어야 하나 비용적인 면만 생각해 쉬지도 않고 여행을 하는 경우를 심심치 않게 보게 된다.
우리나라에서도 주말에 쉬는데 왜 유럽여행을 가면 무리하게 일정을 만들어 쉬지도 않고 보려고 하는지, 결국 유럽여행을 망치는 상황을 많이 보았다. 일정이 있어도 힘들고 피곤하면 다음날은 일정을 무리하게 잡지 않거나 하루 내내 편하게 쉬는 것이 현명하다.

■ 여행 책자에 나온 맛집을 무리하게 찾아가지 말자.

여행책자에는 많은 현지의 맛집이라고 표현된 레스토랑이 나오지만 여행을 하다 점심, 저녁때가 되었다면 근처의 레스토랑을 찾아 식사를 즐겨야 한다. 그런데 맛집을 무리하게 찾아가려고 먹는 때를 놓치는 경우가 많다.
현지의 맛집이어도 우리나라 음식의 입맛에 길들여져 있어서 유럽 현지의 맛집이 맛없다고 한다. 반드시 식사시간이 되면 근처의 레스토랑을 찾아 가자. 의외의 레스토랑에서 좋아하는 맛집이 탄생할 수도 있다.

E • U • R • P • E

유 럽
여 행 에
꼭 필 요 한
INFO

유럽 여행 준비하기

먼저 유럽여행을 위한 밑그림을 그리자. 유럽에 대해 알고 있는 것을 적어보고 여행 준비를 어떻게 할지 생각해보자. 아래 표는 여행의 밑그림을 쉽게 그릴 수 있도록 정리한 것이다. 무엇보다 욕심을 버리고 준비하는 게 좋다. 유럽여행에서 평생 잊지 못할 경험과 추억을 만드는 것이 여행의 핵심 포인트이다.

다음을 보고 전체적인 여행의 밑그림을 그려보자.

1	어떻게 이동할 것인가? (여행의 형태 결정)	7	얼마나 쓸까? 리스트 작성! (여행경비 산출하기)
2	나의 가능한 여행기간, 비용은? (여행 기간 & 예산 짜기)	8	어디에서 자야 할까? (간단한 베트람어 익히기)
3	항공권부터 알아보자. (항공권티켓 /성수기여행은 빨리 구입)	9	파운드? 유로? 무엇으로 바꾸지? (환전하기)
4	필요한 서류는? (여권 등 필요 서류 만들기)	10	왜 이리 필요한 게 많지? (여행가방싸기)
5	꼭 보고, 먹고, 갈 곳은? (여행지 정보 수집)	11	11. 인천공항으로 이동
6	꼼꼼한 일정은 필수! (여행 일정 짜기)	12	12. 드디어 여행지로 출발!

유럽 여행을 결정했다면 먼저 언제, 어디로, 어떻게, 얼마 동안 갈 것인지 생각해야 한다. 또한 일정을 계획할 때는 이동시간을 고려해야 한다. 유럽 여행이 처음인 경우에는 추천일정을 참고하여 여행하는 것이 좋다.

일정별로 요약한 여행의 준비과정을 알아보자. 여행을 준비하는 사람들이 가장 많이 하는 질문 중 하나가 여행 준비를 언제부터 하는 것이 좋으냐는 것이다. 유럽 여행의 경우 7~21일 일정으로 런던이나 파리부터 서유럽 위주, 프랑크부르트와 동유럽을 함께 여행하는 것이 좋다. 이 경우라면 여행 준비는 출발하기 최소 2개월 전부터 준비해야 한다.

▶2개월 전 : 항공권 구매

출발하기 2개월 전부터 여행 준비를 시작하는 게 좋다. 가장 먼저 내가 원하는 날짜에, 원하는 기간에 맞춰 떠나고자 한다면 적어도 2개월 전에는 항공권을 알아봐야 한다. 그래야 저렴한 항공권을 구매할 수 있다. 항공권은 여행 경비를 줄이는 데 큰 역할을 하기 때문에 미리 구입하는 것이 좋다. 다른 여행 경비를 아무리 아껴도 항공권 가격만큼 아끼기가 힘들다.

▶40일 전 : 여행 루트와 일정 만들기

항공권 구매로 출발 날짜와 기간이 정해지면 상상여행을 떠나보자. 하고 싶은 버킷 리스트를 적어보고, 블로그, 여행 서적 등을 통해 여행지에 대한 정보를 수집하자. 이런 과정을 거치면 여행에 대한 설렘이 극대화된다.

훗날 유럽 여행 후 다녀온 장소조차 기억나지 않을 수도 있다. 여행이란 모름지기 아는 만큼 느끼게 되고, 느낀 만큼 감동 받게 마련이다. 처음 가는 여행은 대부분 여행 루트가 비슷하다. 여기에 나온 여행 루트를 참고해 일정을 쉽게 만들어보자.

▶1개월 전 : 서류 준비(일정도 다시 점검)

1개월 전, 이제부터는 본격적인 여행 준비를 시작해야 한다. 준비해야 할 것으로 여권, 대학생이라면 국제학생증이 필요하다.

▶15일 전 : 여행 루트, 일정, 환전 및 경비 재확인

15일 전부터는 실전 상황이 펼쳐진다. 여행 루트와 일정을 다시 점검해서 변경사항은 빨리 결정하고 여행 경비도 확인해봐야 한다. 의외로 루트와 일정을 빠듯하게 계획해서 문제가 생기는 경우가 많으니 꼭 재점검하도록 하자.

하루 경비는 대체로 4~5만 원이면 된다. 환전은 미리 해두는 것이 좋으며, 은행 환전 쿠폰을 적극 활용하면 환전 비용을 많이 줄일 수 있다. 뿐만 아니라 미흡한 정보가 있다면 다시 확인하고, 주변에 다녀온 이들의 경험을 통해 현지의 여행 정보를 되도록 많이 알아두자. 여행지에서 실제로 경험한 이야기가 많은 도움이 된다.

▶10일 전 : 여행 물품 구입

이제 여행 느낌이 오기 시작한다. 이 시기에는 여행에 필요한 물품 리스트를 보면서 꼼꼼

히 확인한다. 새로 구입하기보다는 가지고 있던 기존 물품을 활용하고 꼭 필요한 것만 구입하도록 하자. 여행짐이 가벼워야 길을 걸을 때 편하다.

▶출발 1일 전 : 여권 등 여행 준비물 확인
출발 전날, 공항까지의 교통편을 미리 확인해둔다. 숙소까지의 위치 및 교통편 정보를 미리 스마트폰에 저장해둔다. 여권, 항공권, 환전한 경비 등 여행 준비물을 한 번 더 확인한다.

▶출발 당일 : 미리 공항에 도착하기
출발 당일에는 여행 물품 리스트를 보면서 여권과 물품을 확인한다. 비행기 출발 2시간 30분~2시간 전까지는 공항에 도착해야 한다. 공항에 도착하면 여권, 여행 물품, 경비를 최종 확인한다.

여권 만들기

외국으로 여행을 하려면 반드시 여권이 필요하다. 주민등록증이 대한민국에서 자신의 신분증이듯 해외에서는 여권이 신분증역할을 하는 것이다.
여권을 신청해서 구청이나 시청에서 받으면 여행이 시작되는 것처럼 설레기 시작한다. 전자여권 발급이 시작되면서 한때 발급기간도 길어져 문제가 되었지만 지금은 5일 정도면 여권이 나오니 걱정하지 않아도 된다. 여권은 예전처럼 만들 수 있는 곳의 제한이 없어졌다. 서울의 각 구청과 각 지방의 구청, 여권과에서 여권을 만들 수 있으니 근처 구청이나 시청으로 가면 된다.
여권종류는 일반여권, 단수여권(병역 미필자), 관용여권(정부 기관 출장)으로 나뉜다. 일반여권은 발급 후 5년(재발급 시 10년 사용) 사용 가능하고 단수여권은 발급 후 1년간 1회의 해외여행에만 사용할 수 있다.

그럼 이제부터 좀 더 자세히 알아보자.

일반여권

1. 여권 발급 신청서
각 구청과 시청, 도청의 여권과에서 쉽게 만들 수 있다. 신청서 작성 시 관련 직원에게 물어보고 정확히 본적과 호주, 가족의 주민등록번호를 기입하는 난에 적으면 된다. 신청서에 적으면 여권에 그대로 나타나므로 반드시 본인이 확인해야 한다. 미성년자의 경우 법정대리인, 부모가 여권 명의인 이름으로 대리서명이 가능하다.

2. 여권용 사진 2장
　(발급 비용 10년 55,000원, 5년 47,000원(8세 이상))
여권 발급개시 이후 사진에 대한 규제가 좀 까다로워졌다. 사진관에 가면 잘 설명해 주니 확인하여 여권사진으로 찍으면 된다.

확인사항은 다음과 같다.
1) 최근 6개월 이내에 촬영한 여권용 사진(천연색 정면사진이 귀가 보이게
   하여 얼굴 양쪽 끝부분 윤곽이 뚜렷하고 어깨 까지만 나와야 한다.)
2) 사진 바탕은 반드시 흰색, 옅은 하늘색, 밝은 베이지색 바탕의 무배경으
   로 테두리가 없어야 하며, 자연스러운 피부색이어야 한다.
3) 모자, 제복, 흰색 계통의 의상을 착용한 사진은 안 된다.
4) 정면 응시하고 눈을 뜬 사진으로 머리카락이 눈을 가려서는 안되며, 입은 다물고 있어야 한다.
5) 안경, 렌즈에 조명이 반사되지 않고 눈동자가 보여야 한다.
6) 디지털 사진은 고품질, 고해상도로 프린트해야 한다.

3. 신분증(주민등록증, 운전면허증 또는 공무원증)
▶단수여권 (발급비용 20,000원)
1. 위의 일반 여권 구비서류(1~3)
2. 25세 이상의 군 미필자 – 국외여행 허가서(병무청에서 인터넷 발급)
3. 미성년자(18세 미만) – 신분증이 없는 미성년자의 경우 부 또는 모의 여권 발급 동의서 및 동의인
이 인감증명서 각 1부(부 또는 모가 신청 시 면제)

위 서류는 직접 여권과에 접수할 때 필요한 서류이다. 혹시 여행사에 대행을 의뢰했다면 위 서류 외
에 발급을 확인하기 위해 주민등록등본이 추가로 필요하다. 또 여행지에서 분실시 다시 재발급을 받
을 수도 있으니 3~4장정도 여권용 사진을 가지고 있으면 좋다.

여권의 유효기간 연장과 기재사항 변경

유효기간 연장은 여권기간의 횟수에 관계없이 여러차례 재발급 신청이 가능하나(최초 여권 발급일로
부터 총 10년은 초과하는 기간연장 재발급은 할 수 없다.) 일반 복수여권에만 해당되며 단수여권은 1
회용 여권으로 유효기간 연장 대상에서 제외된다.
여권은 유효기간이 6개월 이상 남아있지 않을 경우 비자 발급이나 입국이 거절되는 경우도 있기 때
문에 유효기간을 연장한 후 출국해야 한다. 기간연장 수수료는 25,000원, 기재사항 변경은 동반자녀
의 추가 또는 분리 등 여권에 기재된 사항에 변경이 있을 경우 신청할 수 있다. 동반자녀의 추가 또는
분리에도 수수료는 5,000원이 필요하다.

여권 재발급

여권의 유효기간 연장, 분실, 훼손, 한글 성명, 주민번호 정정 영문이름 변경시 재발급 받는다.

1. 분실시
여권분실 신고서, 여권재발급사유서, 여권발급 신청서, 여권용 사진 2장, 주민등록증 또는 운전면허
증, 발급비용 55,000원

2. 훼손 재발급
현재 가지고 있는 여권, 여권발급 신청서, 여권용 사진 2장.

3. 여행지에서의 여권 재발급

먼저 분실한 도시의 가까운 경찰서로 가서 분실증명서를 만들어 해외의 주재 한국대사관이나 영사관에 가서 여행자 증명서를 발급받는다. 이때 진술서와 분실증명서, 사진 2매, 잃어버린 여권번호와 발급일이 필요하다. 요즈음 해외에서 여권분실 재발급이 1일 안에 발급가능하니 잃어버려도 당황하지 말고 재빨리 다시 재발급받으면 된다.

비자 발급

비자란 여행하는 나라의 입국 허가증을 말한다. 유럽의 경우 대부분의 국가가 비자 없이 입국이 가능하며 국가별로 3개월 까지 비자 없이 여행이 가능하다. 동유럽도 체코, 헝가리, 폴란드, 슬로바키아, 불가리아, 체코, 터키, 루마니아 등의 나라는 비자 없이 여행이 가능하다.

항공권, 싼 값에 구입하기

해외 여행 경비에서 가장 많이 지출되는 것은 항공 요
금이다. 항공 요금만 아껴도 여행 경비를 100만 원까지
줄일 수 있다. 한 푼이 아쉬운 여행자라면 좀 더 일찍,
조금 더 꼼꼼히 항공권 정보를 부지런히 챙겨야 한다.
그래야 저렴한 항공권을 구할 수 있다.

항공권의 기본 상식
어떻게 하면 항공권을 싸게 구할 수 있을까? 누구나 목
적지까지 바로 데려다 주는 직항을 원하지만, 결코 저
렴하지 않다. 반면, 다른 곳을 경유하거나, 불편하고, 이
런저런 까다로운 조건이 많이 붙는 항공권일수록 싸다.
이러한 기본 속성을 바탕으로 지금부터 항공권을 알아
보자.

▶ 직항과 경유
당연히 특별한 이유가 없다면 직항보다 경유하는 항공편이 더 저렴하다. 경유 항공권은 시
간이 좀 더 걸리고 경유지에서 비행기를 갈아타야 하는 단점이 있다. 그런 만큼 가격은 훨
씬 저렴한데, '스톱오버'라 하여 다른 도시와 유럽을 동시에 다녀올 수 있는 장점도 있다.

▶ 항공기 등급(클래스)
비행기 좌석은 퍼스트, 비즈니스, 이코노미 3등급으로 나뉜다. 이코노미 클래스가 가장 저
렴하며 여행자 대부분이 이용하고 있다. 같은 이코노미 클래스일지라도 조건에 따라 가격
차이가 많이 난다. 먼저 티켓의 유효기간이 짧을수록 가격이 저렴하다. 보통 가장 짧은 것
은 7~14일 정도이고 1개월, 3개월, 6개월, 1년 등으로 늘어날수록 가격도 올라간다.

▶ 추가 확인사항
리턴 변경 가능 여부, 마일리지 적립 여부, 연령대 등이 대표적인 부가 조건으로 확인해야
하는 사항이다. 리턴 날짜를 고정하고, 마일리지 적립이 안 되고, 낮은 연령대일수록 상대
적으로 저렴한 항공권을 구할 수 있다.
위와 같은 조건은 인터넷 구매시 비고 항목이나 전화 상담을 통해 확인할 수 있다. 하지만
제일 싼 티켓이 제일 좋은 것은 아니므로, 비고 항목을 반드시 확인하자. 또 발권 후 취소
가 안 되는 티켓들도 있으니 꼼꼼하게 잘 확인해야 한다.

여행 경비 산출하기

여행을 떠나는 목적은 분주하고 힘든 일상으로부터 탈피하여 길에서 감동을 얻고, 그 힐링의 힘으로 다시 돌아와 열심히 사는 데 있다. 그런 만큼 뜻 깊은 여행을 위해서는 여행 경비를 잘 관리해야 한다. 여행을 하는 동안 경비가 들어갈 곳을 정확히 알아야 한다. 그래야 무조건 저렴한 것만을 찾지 않아도 되고, 경비가 더 지출되는 부작용을 막을 수 있다. 요컨대 줄일 건 줄이고 쓸 데 쓰는 경비 운용으로 효율적인 여행을 해야 한다.

여행 준비에 드는 경비

여행을 계획하고 실행에 옮길 때 가장 많은 경비가 들어가는 부분은 항공권과 숙소 비용이다. 유럽이라면 기차나 버스의 이용 경비도 많이 들어간다. 여권, 여행자보험 등의 비용도 출발 전 계획 때부터 여행 경비로 사용하게 된다

항 목	내 용	경 비
항공권	지역, 항공사, 조건, 시기에 따라 다양한 가격으로 나온다. 일찍 예약하면 싸게 항공권을 구입할 수 있다.	약 150~180만 원
숙소	숙소는 미리 예약해야 한다. 미리 호텔 예약사이트에서 예약할 수 있다.	호텔은 90,000~180,000원
유레일 패스 저가항공	유레일 패스와 저가 항공중에 저렴한 교통수단을 이용하자.	기차 : 20~29만 원
여권	일반인은 일반여권, 군 미필자는 단수여권	55,000원(일반여권)
여행자보험	기간과 조건에 따라 다양하다.(여행자보험 참조)	약 10,000~45,000원
TOTAL	약 200~250만 원	

여행 중에 드는 경비

여행지에서는 개인의 씀씀이에 따라 경비 차이가 클 수 있다. 유럽 여행자는 일반적으로 하루에 약 5~7만 원의 경비를 사용한다. 따라서 자신이 하루에 사용할 경비를 미리 준비해두고 사용하는 것이 좋다.

유럽 여행 짐 꾸리기

유럽 여행의 마지막은 여행짐을 싸는 것이다. 짐의 무게
는 최대한 가볍게 싸야 여행에서 즐겁게 이동할 수 있고
힘들지 않다. 특히 유럽은 지하철에 계단만 있고 에스컬
레이터가 설치된 곳이 많지 않아 짐을 직접 들고 올라가
거나 내려갈때가 많다.

그러다보면 힘이 많이 들어서 짜증을 내게 된다. 또한 여
행용가방을 짐으로 부치는 경우는 되지만 직접 기내에 반입되지 않는 물품이 있는 것도 확
인해야 한다. 무기류, 가스류, 폭죽, 성냥, 라이터, 페인트, 표백제 등과 100ml 이상의 액체
류, 젤류, 건전지, 손톱깎이, 주머니 칼 등은 기내에 반입이 안 된다.

필수 준비물

품 목	내 용
여권	여권이 없으면 해외여행이 불가능하다. 도난을 대비해 사진이 나와 있는 앞면을 한 장 복사하고 스마트폰이나 카메라로 찍어둔다.
여권용 사진	여권 분실에 대비 3~4장을 준비한다.
항공권	e-티켓이지만 2~3장 프린트해가고 스마트폰이나 카메라로 찍어둔다.
한국 원화	돌아와서 집에갈 교통비는 준비해 놓자
신용카드 / 직불카드	반드시 현금을 분실했을때를 대비해 준비한다.
여행경비	환전한 현금은 하루 쓸 돈만 가지고 있고 나머지는 여행용가방에 넣어두자. 여행자수표는 필요없다.
각종 증명서	국제학생증, 유스호스텔회원증을 챙기자. 여행자보험은 가입만 하면 되지 프린트할 필요는 없다.
유레일 패스	유레일 패스는 원본만 인정하기 때문에 분실하면 다시 사야 한다. 재발행은 불가능하기 때문에 분실에 주의해야 한다.
가방	여행용 가방의 크기와 무게는 중요하다. 배낭을 들고 갈 필요는 없다. 여행용 가방은 중간용 사이즈를 선택하면 된다.
휴대용가방	여행때는 500ml정도의 물, 카메라, 지갑 등을 담을 크로스백이나 작은 배낭을 사용하기 때문에 반드시 준비하자.

의류	속옷 3~4벌, 셔츠 3~4벌과 바지는 긴바지 1~2벌, 여름여행때는 반바지 1~2벌을 준비하자. 바람막이 점퍼와 모자, 양말 3~4켤레 정도도 필요하다. 여름의 경우 수영복, 겨울의 경우 스웨터, 장갑, 털모자가 필요하고 여성의 경우 원피스를 준비하면 좋다.
신발	평소 신던 편한 신발을 신고, 숙소에서 신을 수 있는 슬리퍼도 준비하자.
세면도구	여행용 치약, 칫솔, 비누, 샴푸를 분실에 대비해 2개씩 준비한다. 수건, 세제(세탁시 편리)를 준비한다.
화장품	기본적인 화장품만 챙기고, 샘플을 가지고가면 편리하다. 자외선 차단지수가 높은 썬크림은 필수이다.
여행지도	여행의 길잡이로 필요하다.
디카	배터리와 디카의 SD카드는 분실을 대비해 2개를 용량이 큰 걸로 준비하자.
우산	우천시를 위해 준비하자.
비상약	소화제, 변비약, 감기몸살약, 비타민, 파스, 밴드, 진통제

기타 준비물

품 목	내 용
음식	라면과 햇반, 죽, 볶음 고추장을 준비하면 야간열차나 숙소에서 배고플 때 유용하다.
비닐봉지	빨래나 먹다 남은 음식을 담을 때 필요하다.
맥가이버 칼	과일이나 와인을 먹을 때에도 필요하다.
손톱깎이	여행에서 의외로 필요할 때가 많다.
선글라스	유럽의 햇빛은 강렬하다. 특히 고지대로 올라가면 반사되는 햇빛은 정말 강렬하다.
바늘, 실, 옷핀	옷이 찢어졌을 때나 배가 아플 때 유용하다.
여행용티슈	작은 것으로 준비하고 물티슈도 의외로 유용하다.
카메라 삼각대	풍경사진, 야간사진 찍을 때 유용하다.

짐 꾸리는 비법

유럽여행의 짐을 꾸리는 가장 중요한 방법은 잃어버릴 때를 대비해 2개 이상 준비해 짐을 꾸리는 것이다. 이동할 때 숙소에 두고 오는 비누나 샴푸, 로션 같은 매일 사용하는 것이 없어질 때를 대비하는 것이다. 국내여행과 다르게 유럽 여행에서는 큰 용기에 담긴 1개를 가지고 가는 것보다 작은 용기에 담긴 2~3개를 가지고 가는 것이 현명하다. 더 좋은 방법은 일회용으로 받은 화장품이나 샴푸 등을 가지고 가는 것이 좋다. 환전한 현금과 신용카드나 체크카드도 2개 이상 준비해야 잃어버릴 때를 대비할 수 있다.

1. 여행용 가방
유럽여행을 갈 때 배낭을 들고 가는 여행자는 적어졌다. 여행용 가방을 가지고 끌면서 유럽여행을 하게 된다. 이럴 때 여행용 가방의 바퀴는 대단히 중요하다. 여행용 가방의 바퀴는 이동하면서 여행용 가방을 끌고 가면 얼마나 편리한지 바로 알게 된다.

2. 비상 상비약
여행을 하면서 아프면 놀라서 어쩔 줄 모르는 부모들도 많다. 자녀가 먹고 있는 약이 있다면 미리 2개로 분리해 여분의 약을 한꺼번에 더 가지고 가는 것이 좋다. 상비약은 2개로 쪼개 준비하고 낱개 포장이 된 일회용 상비약이 편리하다.

3. 여행 경비 2일 법칙
유럽여행에서 당일 기분을 망치는 주범은 도난을 당하는 것이다. 지갑에 여권을 가지고 있거나 전체 여행경비를 한꺼번에 넣어두어도 안 된다. 신용카드나 체크카드도 지갑에 모두 넣어놓지 말자. 지갑은 동전지갑처럼 작고, 잃어버려도 상관없는 가격의 지갑이 필요하다. 숙소에서 나갈 때 2일 정도의 여행경비만 가지고 나가는 습관을 가져야 한다.

비닐로 2일 정도의 여행경비를 나누는데 그 비용은 10~15만 원(80~100유로)을 2일 정도의 경비로 준비하는 것이 일반적이다. 여행을 하다가 도난을 당한다 할지라

도 비용이 크지 않아 나쁜 기분을 털어내고 여행을 할 수 있다.

여행경비는 유럽여행의 전체 경비를 알려주고 그 비용 내에서 사용하도록 습관을 만들어야 한다.

4. 신용카드와 체크카드 다 준비

유럽여행에서 카드는 반드시 필요하다. 카드를 사용해 입장료를 결제하는 경우가 늘어나고 있다. 현금으로만 여행할 수 없는 시대가 되었기 때문이다. 신용카드와 체크카드는 해외에서 사용할 수 있는 비자VISA나 마스터카드MASTER를 준비해야 한다. 신용카드를 사용하다가 사용한 레스토랑이나 상점에 두고 오는 경우도 있고 가방을 도난당하면서 카드도 같이 없어지는 경우도 있다.

체크카드는 통장에 있는 현금의 한도 내에서만 사용할 수 있어서 합리적인 소비가 가능하지만 렌트카를 빌리거나, 숙소에서 일정 금액의 비용을 맡겨두는 예치금Deposit을 요구하면서 통장의 한도가 다 차면 사용이 안 되는 경우가 발생하기도 한다. 숙소에서 예치금을 요구하면 카드보다는 현금을 맡기고 체크아웃을 하면서 받아가는 것이 더 좋다. 그래서 신용카드와 체크카드를 모두 준비하고 카드에서 문제가 생기지 않도록 대비를 해야 한다.

해외에서 카드에 문제가 생기는 것은 대단히 난감해지는 부분이고 여행일정에도 지장이 초래된다. 요즘은 모바일 결제는 늘어나고 있지만 아직 일상화되지 않아서 모바일 결제만 하려고 하면 안 되는 레스토랑이 많아서 모바일 결제 사용은 거의 사용이 불가능하다.

5. 신발

여행을 갈 때는 추가 신발을 가지고 있는 것이 좋다. 가볍고 튼튼한 신발을 신고 있어야 오랜 시간을 걸어 다니는 유럽여행에서 편하다. 무겁고 비싼 신발은 유럽여행에서 가장 경계해야 하는 신발이다. 추가 신발이 있어야 한다고 없는 신발을 구입할 필요는 없다. 유럽의 H&M, 유니클로, 자라 같은 브랜드에서 1~2만 원 정도의 샌들이나 신발을 사서 신고 다닐 수도 있다.

6. 옷

여름여행이라고 반바지만 가지고 여행의 전부를 보낼 수는 없다. 몇몇 교회나 성당에서는 긴 바지를 입어야 입장이 가능하니 미리 준비하자.

여행에서 세탁 후 마르는 시간이 긴 옷감은 피하고 가벼운 면바지가 제격이다. 청바지는 부피가 크고 말리는 데 오랜 시간이 걸리므로 피하는 것이 좋다.

7. 일회용 우의

유럽여행에서 갑작스런 비를 맞아서 감기에 걸리거나 옷이 젖어 당일 여행을 그만두고 숙소로 돌아와야 하는 경우도 많이 발생한다. 이런 상황에 대비하려면 자녀는 일회용 우의나 등산용 바람막이를 준비해서 가방에 넣고 다니는 것이 편리하다. 런던처럼 하루에도 날씨의 변화가 심한 도시에서는 미리 준비해야 여행 일정이 중단되지 않을 것이다.

8. 미리 마트에서 장을 봐 가지고 갈 준비물

유럽 여행에서 가장 걱정하는 것이 '음식을 어떻게 해 먹을 것인가?' 하는 점이다. 유럽 여행 중 우리나라 음식이 그리워지는 시간이 반드시 찾아온다. 필요한 음식을 미리 한국에서 가지고 간다면 쉽게 한 끼를 해결할 수 있다.

감치미

고추장 & 쌈장

골뱅이

꽁치

조미김

밥에 뿌려 먹는 것

밥에 버무려 먹는 첨가물

라면

각종 캔류

즉석밥

유럽여행 준비물 체크리스트

품목	Check	품목	Check
여권		반팔 티(5)	
항공권		긴 옷 한 벌	
유레일패스		점퍼(1)	
체크카드(신용카드)		바지(4)	
현금		속옷(5)	
여행 가이드북		양말(3)	
지도		머리끈	
물티슈		모자	
여행용 티슈		선글라스	
수건(면수건, 스포츠수건)		필기도구	
선크림		노트	
치약		라면	
칫솔		고추장	
샴푸		숟가락, 젓가락	
린스		카메라	
바디샴푸		메모리	
두통약		우산	
감기약		방수재킷	
소화제		멀티어뎁터	
지사제		슬리퍼	
대일밴드		수영복	
연고		얇은 패딩	

절약 유럽여행을 위한 TIP

1. 레스토랑이나 카페에서는 항상 가격이 적혀 있는 메뉴를 보여 달라고 하고 가격을 확인하고 들어가자. 테이블에 앉아서 먹을 때 추가되는 요금이 있는 지 확인하는 것이 좋다.

유럽의 화장실은 유료가 많다. 식사를 하고 나면 레스토랑이나 카페의 화장실을 이용하는 습관을 가지는 것이 작은 비용을 줄일 수 있다.

2. 야외의 벼룩시장이나 커다란 마트에서 물과 간단한 먹거리를 미리 준비해 두는 것이 저렴하다. 유럽여행에서 이동을 많이 하는 특성상 목마름이 자주오고 자녀는 물을 자주 마신다. 유럽은 옆에 있는 상점의 물(Water) 값이 다 다르고 관광지의 물의 가격은 비싸다. 이동을 많이 하므로 자녀는 배고픔이 자주 온다. 이럴 때 미리 한국에서 자녀가 잘 먹는 쭈쭈 같은 젤리나 사탕을 준비하면 배고프다고 보채는 일이 적어진다.
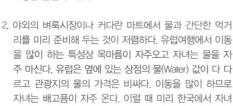

3. 숙소는 항상 호텔을 고집하지 말고 아파트형 호텔이나 아파트를 빌려 자녀와 함께 마트에서 장을 보고 해 먹을 수 있어 비용이 절감된다. 유럽의 음식들이 입맛에 맞지 않거나 금방 느끼해지기 때문에 먹는 문제가 발생하는 경우가 많다. 이럴 때를 대비해 출발 전에 현지에서 조리해 먹을 수 있는 음식을 조금 준비하는 것이 현명하다.

4. 호텔에서 세탁을 해주는 경우는 거의 없고 호스텔이나 게스트하우스, 아파트에서는 세탁이 가능하므로 숙소를 다양화하는 것이 좋다. 호텔에서만 머무른다면 1주일 정도 빨래를 모아 세탁하는 곳에 가져다주어야 한다. 그런데 세탁소에 맡기거나 무인세탁을 하다가 자신이 없는 사이에 빨래가 나와 빨래가 없어지기도 한다. 되도록 무인세탁은 자제하고 세탁을 해주는 서비스에 맡겨야 한다.

5. 여름에 유럽여행을 한다면 무료 콘서트와 문화 행사가 열리므로 인포메이션 센터에 물어보자.

6. 런던의 박물관, 미술관은 거의 무료가 많고 유럽의 많은 박물관이나 미술관들은 한 달에 한번이나 일요일 저녁에 무료로 개관하는 경우도 있어서 나의 여행요일을 확인해 보는 것이 유익하다. 또한 다른 박물관이나 미술관과 함께

볼 경우 여행자를 위해 할인 표가 있는 경우도 있다. 파리의 유람선, 바토무슈는 출발 전 미리 티켓을 구입하는 것이 현지에서 구입하는 것보다 저렴하다.

7. 대도시에서 모든 시간을 보내지 말고 작은 도시나 마을에서 머무는 일정을 계획하면 숙소비용이 상당히 저렴해진다. 여름의 유럽여행은 대도시에 있는 숙소는 미리 예약을 해도 할인이 거의 없고 비싸지는 숙소가 많아서 여행경비를 부담스럽게 만든다. 작은 도시는 상대적으로 관광객이 적어서 숙박비용은 저렴하고 더 좋은 시설을 고를 수 있는 장점이 있다.

8. 가격이 저렴한 호스텔(YHA)이나 게스트하우스(Guesthouse), B&B가 최고라고 생각하지 말자. 저렴한 숙소에서 부수적인 가격이 생기는 경우도 있다. 아침식사가 포함되지 않거나 위치가 관광지에서 멀리 떨어진 호스텔과 게스트하우스는 교통비가 비싼 유럽에서는 결국 호텔과 비슷한 가격이 되고 마는 경우가 있다.

9. 여권과 항공권, 신용카드 등은 복사본을 준비하거나 휴대폰이나 카메라로 사진을 찍어 복사본을 마련해 두자. 여권을 잃어버렸다면 여권사진을 준비해야 여권을 다시 재발급 받을 수 있으니 사진도 5장 정도는 넉넉히 준비하도록 하자. 유럽여행에서 사진을 인화하는 곳을 찾아 명함사진을 찍고 인화하는 시간도 상당히 소요되고 인화하는 곳을 찾는 것도 쉬운 일이 아니다. 미리 준비하면 추가적으로 들어가는 시간을 줄일 수 있다.

10. 유럽여행 중에 들고 다니는 가방은 백팩보다는 크로스백이 더 낫다. 작은 가방에는 가이드북, 카메라, 지갑, 물, 우산 정도를 넣을 수 있으면 되는데 백팩은 몰래 뒤에서 열고 가지고 가는 도난이 상당히 많다. 단추로 열고 닫는 형태의 가방보다는 지퍼로 되어 있으면 도난이 쉽지 않다. 백팩을 등에 매고 다닌다면 부모는 크로스백으로 지갑과 카메라 같은 귀중품을 들고 다니는 것이 도난사고를 줄일 수 있다. 도난당하는 상황이 발생하면 돈도 잃고 시간도 잃게 되므로 절약하는 유럽여행의 가장 큰 적이 된다.

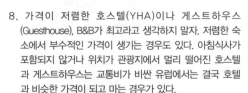
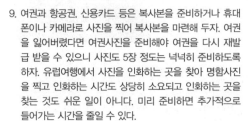
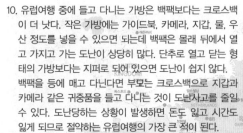

한눈에 출국수속 처리하기

1️⃣ **공항 도착**
   출발 2시간~2시간 30분 전에는 도착한다.

2️⃣ **카운터로 이동**
   해당 항공사의 카운터를 미리 확인하고 이동한다.

3️⃣ **카운터 도착, 체크인 시작**
   줄을 서서 차례를 기다린 후 자신의 차례에 탑승
   체크인을 시작한다.

4️⃣ **여권과 항공권 제시**
   좌석 선택, 짐 부치기, 보딩패스 받기

5️⃣ **보안검색**
   보안검색은 액체류를 반드시 미리 확인해야 하며
   주머니에서 동전까지 다 내놓아야 한다. 바지 벨트
   도 검색대를 통과시켜야 한다.

6️⃣ **탑승동으로 이동**
   외국 항공사는 1층으로 이동하여 열차를 타고 다른
   탑승동으로 이동하기 때문에 시간이 부족할 수 있
   으니 면세점에 들르지 말고 우선 이동한다. 이동을
   한 탑승동에도 면세점은 있다.

7️⃣ **출발 게이트로 이동**
   면세점 쇼핑을 한 후 출발 시간 30분 전까지 출발
   게이트(Gate)에 도착하자. 진에어는 출발 게이트가
   멀어서 위치를 확인하고 쇼핑을 해야 늦지 않는다.

8️⃣ **보딩패스 준비 및 탑승**
   출발 시간 30분 전 정도에 탑승을 시작한다. 사전
   에 보딩패스를 준비하고 자신의 자리를 확인하자.

여행 중 여권 분실 해결방법

유럽 여행은 즐거움의 연속이기도 하지만 분실이 많이 있다. 유럽은 도둑도 많고 날치기도 많다. 그러한 어려움에 봉착하면 여행의 즐거움이 다 없어지는 것처럼 집에 가고 싶은 생각만 나기도 한다. 그래서 미리 조심해야 하지만 방심한 그때 바로 지갑, 가방, 카메라등이 없어지기도 하고 최악의 경우에는 여권도 없어진다.

여행기간 중에 봉착하는 어려움에 당황하지 않고, 대처를 잘하면 여행이 중단되지 않고 무사히 한국까지 돌아와서 여행 때 있었던 일을 웃으면서 나중에 무용담으로 이야기할 수 있는 순간을 만들 수 있다. 그러니 너무 크게 생각하지 말고 대비를 알아보자.

앞서 말한 바와 같이 여권은 외국에서 신분을 증명하는 신분증이다. 그래서 여권을 분실을 하면 다른 나라로 이동을 할 수도 없을 뿐더러, 비행기를 탈 수도 없다. 잃어버렸다고 당황하지는 말자. 일단 여행준비물 중에 분실을 대비해서 여권복사본과 여권용 사진 2장을 준비해 놓아야 한다.

우선 여권을 분실 했을 때에는 가까운 경찰서로 가서 폴리스리포터를 발급받은 후에 대사관을 가서 여권과에서 여권을 재발급 받으면 된다. 여행증명서를 받으면 안 된다. 대사관을 가면 1층에 여권을 재발급 받거나 연장하는 곳이 있다. 거기에서 상담하면 친철히 상담해준다. 가끔 친절하지 않은 대사관 직원들도 많이 있다.

여권 재발급 순서

1. 경찰서 가서 폴리스 리포트 쓰기
2. 대사관 위치 확인하고 이동하기
3. 대사관에서 여권신청서 쓰기
4. 기다리며 여권 신청 제출확인하고 신청하기

여권을 신청할 때 신청서와 제출 서류를 꼭 확인한다. 여권을 재발급받는 사람은 누구나 절박하게 마련이다. 여권이 재발급되는 기간이 요즈음 많이 빨라졌는데, 하루 정도 소요된다. 다만, 주말이 끼어 있는 경우에는 더 많은 시간이 소요된다.

사진과 폴리스리포트를 제시하고 여권사본을 보여주면 만들어준다. 근데 보통 1~2일 정도 걸린다. 다음날 다른 나라로 이동해야 하면 계속 부탁하면 된다. 절실함을 보여주고 화내지 말고 해결하면 된다. 보통 여권을 분실하면 화부터 내고 어떻게 하냐는 푸념을 하는데 그런다고 해결이 되지 않는다. 빨리 절차대로 해결해야 한다.

▶유럽 내 한국대사관위치 (업무시간 09:00~12:30, 14:00~17:00)
- 런던 | 020-7227-5505,6 | 60 Buckingham Gate, London SW1E, 6AJ
- 파리 | 01-4753-0101 | 125, Rue de Grenelle 75007 PARIS 지하철 13호선
- 프랑크푸르트 | 069-956-7520 | Eshersheimer Land str 32760320 Frankfurt
- 브뤼셀 | 02-675-5777 | Chaussee de la Hulp 173-175,
    1170 Brussels 94번 프램 Occinells 하차
- 네덜란드(헤이그) | 070-358-6076 | Verlengde Tolweg 8, 2517 JV The Hauge
- 빈 | 478-1991 | Gregor Mendel strasse 25
- 베른 | 031-351-1081 | Kalcheggweg 38, 3006 Bern
- 체코 | 02-2431-8100 | Staveckova 5, Praha
- 로마 | 06-808-8820 | Via Barnaba Oriani 30 00197, Roma 테르미니역 앞
    500인 광장 버스 정류장에서 217번 Piazza Santiago del Cile 하차,
    도보 5분 소요
- 스페인(마드리드) | 91-353-2000 | C/Gonzalez Amigo 15, 28033 Madrid,
    4호선 아르투로 소리아(Arturo Soria)역에서 하차(역에서 도보로 10분)후
    플라쟈 데 까스띠야(Plaza de Castilla)
    방향의 버스(70번)를 탑승하여 4~5정거장에서 하차

해외여행 물품을 도난당했을 때 대처 요령

처음 해외여행에서 카메라나 크로스백전체를 잃어버리면 당황스러워진다. 처음 당하면 여행을 마치고 집에 가고 싶은 생각이 굴뚝같아진다. 하지만 해외여행을 마치고 돌아오기는 쉽지않고 하루 이틀 지나면 기분도 다시 좋아진다. 그래서 해외여행에서 반드시 필요한 것이 여행자 보험에 가입하는 것이다. 해외에서 도난 시 어떻게 해야할까를 안다면 남은 여행을 잘 마무리하고 즐겁게 돌아올 수 있다.

해외여행에서 물품을 잃어버린 나라는 주로 유럽이 많다. 특히 이탈리아나 프랑스가 주로 많이 잃어버리는 나라이다. 물건을 잃어버린 것을 안다면 근처에 가장 가까운 경찰서를 찾아야 한다. 경찰서에 가서 '폴리스리포트'를 써야 한다.
폴리스리포트에는 이름과 여권번호를 적기위해 여권을 제시하라고 하며 물품을 도난당한 시간과 장소, 사고이유, 도난 품목과 가격 등을 자세히 기입하게 되어 있어 시간이 1시간 이상은 소요가 된다. 처음에는 나만 잃어 버린 거 같지만 경찰서에 가면 잃어버린 관광객이 많다는 걸 기다리는 관광객을 보면 알게 된다. 그러니 챙피해하거나 화낼 필요가 없다.

폴리스리포트를 쓸 때 가장 조심해야 하는 사항은 도난인지 단순 분실인지를 물어볼때이다. 대부분은 도난이기 때문에 'stolen'이라는 단어로 경찰관에게 알려줘야 한다. 단순분실은 본인의 과실이라서 여행자보험을 가입해도 보상받지 못한다.

또한 잃어버린 나라에서 일정상 경찰서를 가지 못하는 경우에는 거짓말이 아니니 다음 나라에 가서 잃어버린 상항을 그 나라로 이야기하고 폴리스리포트를 작성해야 한다. 만약 프랑스에서 이태리에서 잃어버렸다고 한다면 절대 폴리스리포트자체를 쓸 수 없다는 사항도 기억해 놓아야 한다.
여행을 끝내고 돌아와서는 보험회사에 전화를 걸어 도난 상황을 이야기하고

폴리스리포트와 해당 보험사 보험료 청구서, 휴대품신청서, 통장사본과 여권을 보낸다. 도난당한 물품의 구매 영수증이 있다면 조금 더 보상받는 데 도움이 되지만 없어도 상관은 없다.

보상금액은 여행자보험에 가입할 당시의 최고금액이 결정되어 있어 그 금액이상은 보상이 어렵다. 보통 최고 50만 원까지 보상받는 보험에 가입하는 것이 일반적이다. 보험회사 심사과에서 보상이 결정되면 보험사에서 전화로 알려준다. 여행자보험의 최대 보상한도는 보험의 가입금액에 따라 다르지만 휴대품 도난은 한 개 품목당 최대 20만 원까지 전체금액은 80만 원까지 배상이 가능하다. 여러 보험사에서 여행자보험을 가입해도 보상은 같다. 그러니 중복 가입하지 말자.

여행자보험을 잘 활용하면 도난당한 휴대품에 대해 일부라도 배상받을 수 있어 유용하지만 최근 이를 악용하는 여행자들이 많아지고 있다고 하니 절대 악용하지 말자. 보험사는 청구서류에 대한 꼼꼼히 조사한다고 한다. 허위 신고하여 발각되면 법적인 책임을 질 수 있으니 명심하고 자신을 다시 돌아보는 해외여행까지 가서 자신을 버리는 허위신고는 하지 말자.

유럽여행 일정짜기 비법

자녀와 함께 유럽여행을 처음하려면 신중하게 계획을 만드는 것이 나쁘지 않다. 그렇다고 너무 세세한 일정 전부를 짜지는 말자. 유럽여행은 여행전문가이든 처음 가는 여행자이든 유연한 여행을 할 필요가 있기 때문이다.

"언제 내가 다시 유럽을 가겠어"라고 생각하지만 평생에 한번은 다시 갈 경우가 생긴다. 보고 와서 한 번 더 가고 싶은 유럽에 대한 생각이 바뀔 것이기에 처음에는 가장 일반적인 루트를 따라갈 것을 권한다. 유럽 여행을 할 경우에는 유럽의 지도를 보고 유럽의 나라가 어떻게 연결이 되는지를 알 필요가 있다. 유럽지도를 머리에 그려 넣다보면 더욱 더 유럽 여행을 하고 싶은 생각이 굴뚝 같아 질 것이다.
미리 지도를 펼치고 여행계획을 만들면 재미있고 유익한 여행이 될 수 있다. 일정을 직접 짜기 위해서는 3가지를 꼭 머리에 넣어 두자.

루트 작성 테이블을 참고해 자신만의 일정을 만들어보자.
1. 유럽의 지도를 간단히 그려보자.
2. 도시간 이동할 수 있는 루트가 가능한지를 파악하자.
3. 추천 루트를 보고 일정별로 짜여진 루트에 자신이 가고 싶은 도시를 끼워 넣자.

01 | 지도에 가고 싶은 도시를 형광펜으로 표시하자.

일정을 짤 때 정답은 없다. 추천하는 루트가 자신에게는 무의미할 때도 많다. 여행기간에 맞는 3~4개의 루트를 만들어보고 가장 자신에게 맞는 루트를 정해봐야 한다.

1. 도시들을 지도위에 표시하세요.
2. 선으로 이어 가장 효과적인 선을 직접 그어 보세요.

02 | 항공편의 In/Out과 주당 편수를 고려하자.

도착도시와 귀국도시를 고려하여 여행의 시작과 끝을 정하자. 무조건 날짜를 정해서는 항공사가 매일 취항하지 않고서는 맞추기가 어렵게 된다. 매일 취항하는 항공사는 없으니 항공사의 일정에 맞추어 기간을 시작하고 도시를 맞추어 본다. 가장 쉽게 맞출 수 있는 일정은 2주, 3주, 4주식으로 주 단위로 계획하는 것이다. 대부분의 항공기는 런던 IN, 파리 OUT, 로마 OUT, 프랑크푸르트 OUT가 많다는 것도 알아두자.

03 | 짧은 시간에 모두 다 돌아보려 하는 실수를 범하지 말자.

유럽여행을 가는 여행자에게 항상 이야기하는 말은 "짧은 시간에 모두 다 돌아보려 하는 실수를 범하지 말자"이다. 유레일패스를 가지고 있으면 빠르게 도시를 옮겨 다니며 도시를 다 둘러보려고 하지만 피로에 지쳐 금방 여행을 망치게 된다.

설문조사를 보면 유럽여행을 한번 한 여행자는 언젠가는 다시 유럽을 다시 방문한다고 한다. 그러니 다시 못 온다고 생각하지 말고 도시를 오랜 시간 보면서 깊이 있게 둘러볼 수 있는 정도의 나라 수와 도시를 보려고 해야 한다. 다음에 볼 수 있으니 못 본 도시는 남겨두도록 하자.

04 | 여행일정 3+1+3 법칙

유럽여행에 대한 강의를 할 때 가장 많이 질문하는 것이 여행일정을 어떻게 계획해야 할지 모르겠다는 것이다. 다시 유럽을 방문하려는 여행자도 처음에는 남들이 만들어놓은 여행일정을 따라 다녀온 경우가 많아서 유럽여행 일정을 만드는 것은 처음 유럽여행자와 별반 다르지 않다.

먼저 정말 방문하고 싶은 몇몇 주요도시를 먼저 선택한다. 적어도 한 도시에 2일 이상 머

무를 수 있는 도시를 먼저 선택하고 그 사이에 있는 작은 도시를 선택하여 하루정도 머무르면서 여행일정을 하루 정도 더하는 방법이 여행일정을 만드는 핵심이다.

그 다음에는 주요도시에서 당일에 다녀올 수 있는 관광지를 살펴보고 일정을 하루정도 더 추가한다. 그렇게 3일 정도를 머무르면 유럽여행에 문제가 생겨 도시에서 못 본 관광지를 3일째에 보면 되기 때문에 여유가 생기고 유럽여행의 문제가 생길 경우를 대비할 수 있다.

05 | 반드시 도시가 결정된 후에 도시 내의 관광지를 선택

가고 싶은 관광지를 먼저 선택하고 나면 유럽에는 너무 많은 관광지가 선택되는데 엉뚱하게도 멀리 떨어진 관광지가 남게 된다. 이럴 때 그 관광지를 포기하면 되는데 유럽을 처음 가는 여행자는 쉽게 포기가 되지 않는다. 그래서 반드시 여행하려는 도시를 선택하고 전체 여행 일정이 결정되고 나면 도시 지도를 펼쳐놓고 관광지를 표시하고 도시 여행 루트를 만들면 된다. 이 책에 실려 있는 핵심도보여행을 참고하면 쉽게 도시 내에서 여행할 수 있는 루트가 만들어질 것이다.

06 | 유레일 패스의 기간도 고려하자.

선택한 유레일 패스 또는 여러 종류의 기차나 버스 패스가 통용되는 기간에 여행의 이동을 맞춰 별도의 교통비가 들어가지 않도록 하자. 예를 들어 15일 동안 사용 가능한 유레일 패스를 구입했다면 20일 정도의 유럽여행이 적당하다.

처음 여행을 시작하는 도시와 여행이 끝나는 도시에서는 도시간 이동이 없으므로 그 기간을 빼고 패스를 구입하는 것이 경제적이다. 만약 여행 기간이 15일인 경우, 15일간 사용하는 패스를 구입한다면 처음 도착하는 도시와 마지막 도시가 남아 비경제적이다.

07 | 유럽여행자들의 이동 교통 사용의 변화

최근에 유럽여행자들은 기차보다 저가항공을 선호한다. 1~2주 정도의 유럽여행에서 2번 정도의 이동을 한다면 유레일패스보다 저가항공이 더 저렴하다. 유럽여행자들은 미리 여행 시기에 맞추어 저가항공을 아주 저렴하게 구입하여 10만원 정도면 이동을 할 수 있다. 유럽의 기차를 이용할 수 있는 유레일패스는 장기여행자나 이동이 가까운 도시로 이동할 때에 유리하다.

유레일패스를 가지고 있으면 패스에 따른 제한조건이나 필요조건 같은 사항을 미리 확인하고 여행 일정을 맞추는 것이 필요하다. 또한 일부구간은 예약이 필요하기 때문에 반드시 미리 예약을 해두고 출발하는 것이 좋다.

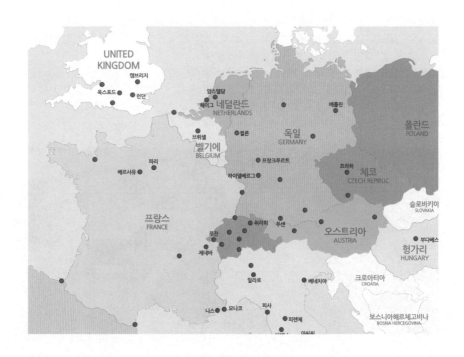

08 | 3주 이상의 장기 여행자

퇴사 기간을 이용해 3주 이상 여행하는 여행자가 늘어나고 있다. 이럴 때는 방문하고 싶은 국가 4~6개 국가를 먼저 선택한다. 국가에서 3개 도시 이상 선택한 나라들은 일주일 정도를, 2개 도시를 선택한 나라들은 4~5일 정도를 할애한다. 각 나라에서 수도에 2~3일정도 머무르고 큰 도시에서 당일에 다녀올 수 있는 도시나 관광지를 선택하면 일정을 계획할 수 있을 것이다. 예를 들면 영국의 런던과 옥스퍼드, 캠브리지 대학교를 방문한다면 런던 3일에 근교도시에 하루를 할애하면 4~5일정도의 여행 일정이 만들어진다.

09 | 여행경비를 아끼려 관광지를 거르지 말자.

힘들게 간 유럽여행이기 때문에 입장료를 내는 관광지는 거르는 실수를 범하며 여러 도시를 여행하려는 여행자가 많다. 많은 도시와 관광지를 본다고 좋아하지 않으며 유럽여행을 다녀와서 기억하지도 못한다. 그보다 도시마다 깊은 인상을 가지면서 여유롭게 재미있는 여행을 해야 평생의 기억에 남을 수 있다.

전 세계를 여행할 수 있도록 일반적인 세계여행에 대한 여행 정보가 있는가 하면, 지역마다 나라마다, 도시마다 특수한 정보를 담아놓은 여행 가이드북도 있다. 그리고 블로그나 SNS를 통해 필요한 정보를 얻을 수도 있지만 때로 자신이 여행의 경험을 통해 얻을 수 있는 것도 있다. 실수를 통해 아니면 몸으로 체험하면서 얻은 여행의 요령과 팁도 있다. 많은 가이드북에서 한 가지 잊지 말아야 할 중요한 사실은 여행하는 사람마다 다른 여행 스타일을 추구하게 되면서 여행에서 사용하는 여행경비도 개인마다 달라진다. 경비를 아끼며 여행하는 것을 좋아하지 않을 수 있고, 저렴한 비용을 내면서 아끼는 여행을 하는 것을 선호하는 여행자도 있다. 그러니 너무 여행경비를 아끼려고 하지 말자.

10 | 2번째 여행이라면 테마를 만들어 여행하자.

처음 유럽여행이라면 테마를 만들어 여행을 하기는 쉽지 않다. 잘못 루트를 만들어 고생하기 마련이다. 하지만 2번째 유럽여행이라면 단순히 도시의 볼거리를 찾아다니기 보다는 자신이 원하는 테마를 만들어 여행하면 유럽여행이 더욱 알차진다. 예를 들어 아이가 평소에 좋아하는 화가나 건축가, 작가 등의 흔적을 따라 루트를 만들어 여행하면 재미있는 루트가 만들어 질 것이다.

여행기간 : 10일

짧은 감이 있다고 생각하지만 평소에 보고 싶었던 도시를 보고 오는 데 초점을 맞추고 준비하면 좋다. 주요 도시 3~4곳만 들러도 처음하는 유럽여행에는 쉽지가 않다. 너무 많은 도시를 보려는 욕심을 내지 말아야 한다. 중요한 점은 한 방향으로 중복되지 않게 루트를 짜는 것이 중요하다.

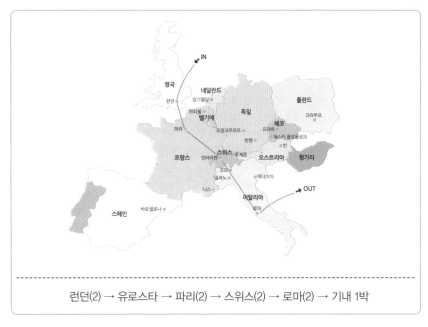

런던(2) → 유로스타 → 파리(2) → 스위스(2) → 로마(2) → 기내 1박

파리(3) → 스위스(2) → 밀라노(1) → 로마(2) → 기내1박 → 서울

여행기간 : 15일(2주)

일반적으로 가장 짧은 유럽 여행이라면 15일을 생각한다. 즉 2주 동안의 여행기간이다. 2주는 유럽여행의 맛을 알고 본격적으로 시작할려는 찰나에 서울로 돌아가는 느낌을 많이 가지는 여행기간이다. 인천행 비행기에서 '아쉽다'라는 생각이 드는 경우가 많다.

유럽 배낭여행을 가면 처음에 어쩔 수 없이 개인마다 여행의 시행착오가 생기는데, 여행 초반 일주일은 긴장된 마음으로 여행의 재미를 느끼기가 힘이 든다. 유럽여행의 참맛을 알게 되었다고 생각될 때 인천행을 타야하는 운명이라고 생각할지 모르겠다. 10일 간의 유럽 여행처럼 욕심내지 말고 나라수를 생각하지 말고 4~5도시를 중심으로 한 방향으로 지나면서 여행하면 간단히 여행 일정을 계획할 수 있다. 유럽 여행은 기간이 짧을수록 나라와 도시 수를 줄이는 것이 최고이다.

처음 여행하는 여행자들은 많은 도시를 보려고 하지만 실제로 너무 피곤해서 여행을 망치는 경우가 오히려 많으니 도시의 개수에 너무 연연해 하지 말기 바란다.

런던(2) → 유로스타 → 파리(2) → 야간열차 → 뮌헨(2) → 스위스(2) → 밀라노(1) → 베니스(1) → 로마(2) → 기내1박 → 서울

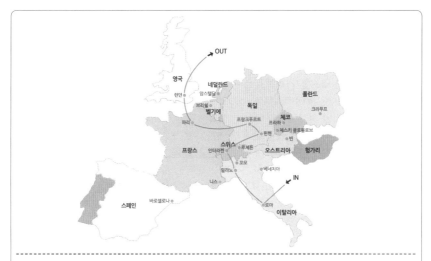

로마(2) → 밀라노(1) → 스위스(2) → 뮌헨(2) → 하이델베르크(1) → 야간열차 → 파리(3) → 유로스타 → 런던(2) → 기내1박 → 서울

취리히 → 루채른(2) → 인터라켄(2) → 베른 → 몽뜨뢰 → 로잔(1) → 제네바 → 밀라노(1) → 베네치아(1) → 피렌체(2) → 로마(3) → 기내 1박 → 서울

여행기간 : 21일(3주)~30일(4주)

퇴사자들이 많이 이용하는 여행기간이다. 가격이 비싼 유레일패스지만 3, 4주 동안에는 가장 저렴하게 유레일패스를 경제적으로 이용할 수 있는 기간이다. 2~4개 나라 정도를 여행하는 일정으로 비슷한 여행일정을 가지고 여행하기 때문에 오히려 여행일정을 계획할 필요가 없이 일반적인 여행루트를 따라가면 되는 경우가 대부분이다.

런던에서 시작해 파리에서 유럽 여행을 끝내는 루트가 거의 90%이상이고 다만 중간의 도시들이 조금씩 달라지는 여행루트가 만들어진다. 처음 유럽여행이라면 여기에 나와 있는 루트대로 가고 중간에 도시를 추가하거나 빼는 방법을 사용하면 큰 고민없이 여행할 수 있다. 왜냐하면 이동시간을 가장 줄이고 효과적인 동선을 만들기 위함이다.

여행을 하다보면 비행기에서 봤던 분들을 다시 3~4번 이상은 만나는 경우가 생긴다. 거의 비슷한 루트로 유럽여행을 하는 경우가 많다. 다시 만날 수 밖에 없는 루트로 다들 여행을 가게 되니 다른 유럽여행자들에게 정보를 얻기도 한다. 여행기간이 길다고 너무 많은 도시를 가겠다는 욕심을 내지 말고 몇개의 도시라도 충실히 여행하는 것이 유럽여행을 잘하는 방법임을 꼭 기억하자.

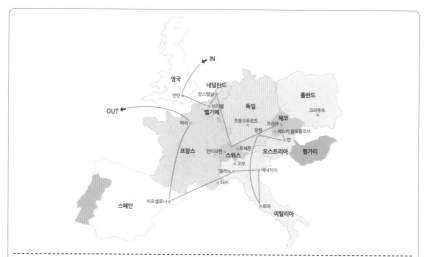

런던(3) → 유로스타 → 브뤼셀→암스텔담(1) → 야간열차 → 취리히/스위스(2) → 야간열차 → 프라하(1) → 빈(2)/부다페스트 → 뮌헨(2) → 야간열차 → 로마(2) → 베네치아(1) →밀라노(1) → 야간열차 → 바르셀로나(2) → 야간열차 → 파리(4) → 기내(1) → 서울

런던(3) → 유로스타 → 파리(3) → 주간열차 TGV → 스위스(3) → 야간열차 → 비엔나(1) → 야간열차 → 베니스(1) → 로마(2) → 야간열차 → 바리(1) → 유람선 → 아테네(2) → 에게해 섬(2) → 아테네(1) → 야간버스 → 이스탄불(3) → 기내1박 → 서울

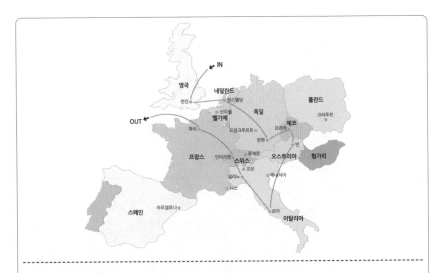

런던(3) → 야간버스 → 암스텔담(1) → 야간열차 → 뮌헨(1) → 야간열차 → 프라하(1)
→ 비엔나(1) → 야간열차 → 베니스(1) → 로마(2) → 밀라노(1) → 스위스(2) → 주간
열차 TGV → 파리(3) → 기내1박 → 서울

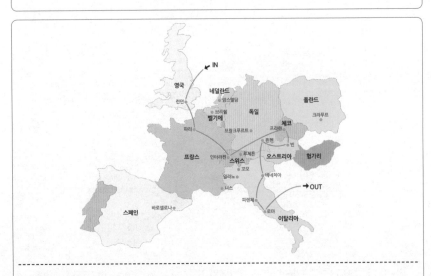

런던(4) → 유로스타 → 파리(4) → 주간열차 TGV→ 스위스(3) → 프라하(1) → 빈(2)
→ 야간열차 → 뮌헨(2) → 야간열차 → 베네치아(1) → 피렌체(1) → 로마(3)→ 기내
(1) → 서울

저가항공 이용하기

유럽여행에서 항공기를 탈 수 있으면 짧은 일정 안에 원하는 여행지를 빠르게 돌아보는
데 편리한 교통수단으로 유럽여행에서 새로운 트랜드로 자리잡아가고 있다. 항공기 이용
에서 가장 중요한 부분이 요금이다. 저가항공은 미리미리 예약하면 유레일패스보다 저렴
하게 이용할 수 있는 장점이 있다. 저가항공을 검색하는 법부터 알아보도록 하자.
항공사별 노선 및 요금 등을 검색할 수 있는 대표 웹사이트에는 스카이스캐너와 위치버짓
이 있다. 두 사이트 중에서 최저가 항공권 또는 원하는 항공권을 검색한다.

1. 스카이 스캐너
▶홈페이지_ www.skyscanner.kr
▶특징_ 한글 지원. 일정 조회만으로 항공사별 스케줄, 가격 정보 등을 확인할 수 있어 사
이트 이용이 편리하다.

• 출발도시와 도착도시, 날짜, 인원수 등을 입력하고 검색을 누르면 각 항공사별 스케줄과
원화 가격이 표시된다.
• 스카이스캐너는 항공편 검색용으로만 사용하고 예약은 해당 항공사에서 직접 하는 것
이 더 좋다.

이지젯 예약하기

50여개의 유럽 저가항공사 중 가장 많은 이용률을 자랑하는 저가항공사가 이지젯이다. 이 지젯 예약하는 방법에 대해 알아보자.

1. 일정에 맞는 항공편 검색하기

Flying from에는 출발도시, Going to에는 도착도시, Outbound에는 출발이자, Return에는 귀국일자, Adult에는 인원수를 입력한다.
편도항공권일 경우에는 One way only를, 일정 변경이 가능한 경우 Flexible on dates를 체크한 후, Show lights를 클릭.

2. 항공편 선택하기

선택한 날짜 앞 뒤로 3일 단위 3day view의 항공편 요금과 출발, 도착시간이 나타나고, 가장 저렴한 항공권에는 LOWEST FARE라고 표시된다.
일정변경이 가능하다면 3week view로 조회해 요금과 출발, 도착시간 선택폭을 넓히는 것도 좋은 방법이다.

조회된 항공편 중 원하는 일정을 클릭하면, 오른쪽 상단 Your Basket에 선택한 항공권 가격이 표시된다. Continue 버튼을 눌러 다음 단계로 이동.

• 같은 항공편이라도, 예약시점에 따라 요금이 달라지니 일정이 확정되었다면 무조건 빨리 예약하는 것이 관건이다. (오늘 봤던 항공편을 내일 검색하면 가격이 올라 있을 수 있다.)

3. 항공편 옵션 선택하기

항공편 옵션에는 수화물 Luggage, 빠르게 탑승하기 Speedy Boarding, 여행자보험 Travel Insurance 등 선택메뉴가 뜬다.
저가항공의 경우 간단한 핸드백 정도 1개만 기내에 들고 갈 수 있으니, 그 이상의 짐이 있을 경우 반드시 Add luggage를 클릭하도록 하자.

• 공항에서 수화물 체크를 하면 인터넷보다 요

금이 두 배 이상 나오니 인터넷에서 항공편 예약시 수화물을 같이 신청하는 것이 좋다.
- Admin fee는 수수료 개념. 결제할 때마다 물으니, 여러 항공권을 구매하려면 한꺼번에 결제하는 것이 좋다.
- Credit Card는 신용카드, Debit Card는 현금카드를 말함. Debit Card가 있을 경우, Debit Card로 결제하는 것이 더 저렴하다.

4. 수화물 옵션 선택하기

Add luggage 버튼을 누르면 오른쪽 상단 Your Basket안에 항공권 요금, 수화물 요금, 수수료 등이 포함된 합산 금액이 나온다.
Continue 버튼을 누르면 다음 단계로 이동한다.

- 기본 수화물 무게는 20kg까지이고, 그 이상일 경우 추가요금을 더 내야한다. 수화물 요금은 이용구간에 따라 달라진다. (제네바-마드리드 구간 CHF 22)
- 짐 한개당 무게는 최대 32kg을 넘지 않아야 한다.

5. 여행자보험 옵션 선택하기

Continue 버튼을 누르면 여행자보험 Travel Insurance 추가 옵션이 나온다.
여행자보험에 이미 가입되어 있거나 관심없다면 No thanks 버튼을, 여행자보험을 추가하려면 Add Insurance 버튼을 누른다.
Continue 버튼을 누르면 다음 단계로 이동한다.

6. 호텔예약 옵션 선택하기

Continue 버튼을 누르면 호텔예약 Book your hotel now 옵션이 나오는데, 숙소예약이 필요하다면 맘에 드는 숙소를 클릭해 예약 Book now 버튼을 누르고, 숙소예약이 필요 없다면 Continue 버튼을 누른다.

- 다른 항공권을 추가로 검색하려면 Add your flights 버튼을 눌러 처음과 같은 방법으로 항공편을 검색해 예약절차를 따른다.

7. 자동차 렌탈 예약 옵션 선택하기

Continue 버튼을 누르면 자동차 렌탈 Car rental

옵션이 나오는데, 자동차 렌탈이 필요하다면 맘에드는 자동차를 클릭해 Add this car 버튼을 누르고, 자동차 렌탈이 필요 없다면 Continue 버튼을 누른다.

8 Check out

Check out 화면이 나오면 My email address is칸에 본인의 이메일 주소를 입력한다.

기존에 이지젯에서 예약을 했던 적이 있었다면 I've booked with easyjet before 버튼을 누르고, 이지젯에서 처음 예약한다면 I'm new to easyJet. com 버튼을 누르고 Continue 버튼을 누른다.

9. 회원정보 입력하기

회원정보 입력 및 결제 Fil in your passenger details and pay 화면이 나오면, 파란색 박스로 표시된 부분의 회원정보를 모두 기입한다.

10. 결제하기

Fil in your passenger details and pay 화면을 밑으로 내려 나머지 파란색 박스로 표시된 부분의 정보를 모두 기입한다. Tell us about your trip에는 여행의 목적을, Payment에는 신용카드 정보를 입력한다.

• 향후 이지젯 예약시 편리한 이용을 위해 신용카드 정보를 저장하고 싶다면 Save this payment card for next time I book을 체크하다.

• easyjet Terms and condition을 체크하고 Book Now 버튼을 누르면 예약이 완료된다.

11. 예약완료

Book Now 버튼을 누르면, Thank you for bocking이라는 문구와 함께 항공편 일정, 결제 내용, 수화물 내용, 예약번호 등이 표시된다. 회원정보에 등록한 이메일로 예약확인 메일이 발송된다.

유레일 패스

100년 이상의 역사와 규모, 발달된 시스템을 자랑하는 유럽의 철도는 대륙내의 모든 국가와 도시는 물론, 지방의 작은 마을까지 하나로 연결하는 단일 교통망을 자랑한다.

대부분의 도시가 기차역을 중심으로 형성되어 있고 기차역에는 짐 보관소, 여행안내소 등 여행자들의 편의를 위한 각종 시설이 잘 갖추어져 있다. 그리고 여행자들의 보다 편리한 기차이용을 위해 생겨난 것이 유레일 패스다.

유레일 패스는 복잡하게 구간별로 티켓을 끊을 필요없이 정해진 기간 동안 마음껏 사용할 수 있는 패스다.

패스의 종류

① **글로벌 패스**
유럽내 28개국을 여행할 수 있는 패스다. 장기간 여행하며 많은 나라를 돌아볼 때 유리하다.

② **셀렉트 패스**
기본국가 28개 국가중 국경 인접 2~4개국를 선택하여 일정 기간 동안 무제한으로 탑승할 수는 패스이다.

③ **리저널 패스**
인접 국가 2~3개국만을 여행할 수 있는 패스다.

④ **원커트리 패스**
한 국가만 선택해서 일정 기간 동안 지역 열차와 고속 열차를 무제한 탑승할 수 있는 패스이다.

유레일 패스 사용 가능 국가

그리스, 네덜란드, 노르웨이, 덴마크, 독일, 루마니아, 룩셈부르크, 몬테네그로, 벨기에, 보스니아 헤르체고비나, 불가리아, 세르비아, 스웨덴, 스위스, 스페인, 슬로바키아, 슬로베이나, 아일랜드, 오스트리아, 이탈리아, 체코, 크로아티아, 터키, 포르투갈, 폴란드, 프랑스, 핀란드, 헝가리 등

유레일패스 사용 불가능 국가

라트비아, 러시아, 리투아니아, 마케도니아, 몰도바, 알바니아, 에스토니아, 영국, 우크라이나 등

국가	글로벌 패스	셀렉트 패스	리저널 패스	원트리 패스
오스트리아	포함	이용가능	오스트리아 – 크로아티아 – 슬로베니아 오스트리아 – 체코 오스트리아 – 독일 오스트리아 – 헝가리 오스트리아 – 스위스	이용가능
벨기에	포함	이용가능	베제룩스 – 프랑스 베제룩스 – 독일	이용가능
체코	포함	이용가능	오스트리아 – 체코 체코 – 독일	이용가능
프랑스	포함	이용가능	베제룩스 – 프랑스 프랑스 – 독일 프랑스 – 이탈리아 프랑스 – 스페인 프랑스 – 스위스	이용가능
독일	포함	이용가능	오스트리아 – 독일 베네룩스 – 독일 덴마크 – 독일 체코 – 독일 프랑스 – 독일 독일 – 폴란드 독일 – 스위	독일패스가 따로 있음
헝가리	포함	이용가능	오스트리아 = 헝가리 크로아티아 – 슬로베니아 – 헝가리 헝가리 – 루마니아	이용가능
이탈리아	포함	이용가능	프랑스 – 이탈리아 그리스 – 이탈리아 이탈리아 – 스페인	이용가능
룩셈부르크	포함	이용가능	베네룩스 – 프랑스 베네룩스 – 독일	이용가능
네덜란드	포함	이용가능	베네룩스 – 프랑스 베네룩스 – 독일	이용가능
폴란드	비포함	이용불가	독일 – 폴란드	이용가능
포르투칼	포함	이용가능	포르투칼 – 스페인	이용가능
스페인	포함	이용가능	프랑스 – 스페인 이탈리아 – 스페인 포르투갈 – 스페인	이용가능
스위스	포함	이용가능	오스트리아 – 스위스 독일 – 스위스 프랑스 – 스위스	스위스패스가 따로 있음

첫 공항에 내린 후

해외여행을 갈 때 현지 공항에 내리면 처음, 문제가 되는 것은 대중교통을 이용해 숙소까지 찾아가는 것이다. 어느 공항에 내려도 숙소까지 가는데 탈 수 있는 수단들은 지하철, 버스, 빠른 기차, 택시 등이 있다. 일반적으로 경비를 절약하면서 움직이는 방법은 버스이기는 하지만 출, 퇴근시간에는 시간이 많이 걸리기 때문에 지하철이나 빠른 익스프레스 Express Train가 가장 현명한 방법이다. 유럽이나 미국은 한국과 달리 교통요금이 매우 비싸기 때문에 비용이 부담스럽다. 그러니 가장 절약할 수 있는 대중교통을 안내데스크에 물어보고 타는 것이 좋다.

숙소를 찾아가기 전에 정확한 주소를 아는 것은 필수이다. 주소를 파악한 후, 공항에 있는 안내 데스크를 찾아가 주소를 보여주면서 현 위치에서 어떻게 찾아갈 수 있을지 조언을 구한다. 안내 데스크에서 꼭 도시 지도와 지하철과 버스노선도를 챙기도록 하자.

숙소까지 찾아가야 하는 상황에서의 대화 도중에 유용하게 사용할 수 있는 표현들과 단어들을 자녀는 알게 되고 숙소까지 찾아갔다면 자신감을 얻게 될 것이다. 숙소뿐만이 아니라, 여행 도중 일상에서 길을 잃었거나 헤매고 있을 경우에 매우 유용하게 쓸 수 있을 표현들도 알게 된다. 미션을 수행함으로써 해외 와서 다양하고 색다른 이동매체를 경험할 수 있는 좋은 기회이다.

> 영국에서의 지하철은 'tube', 버스는 'coach' 라고 불린다. 우리가 익숙한 'subway', 'bus' 같은 표현은 미국식 영어이다.

■ 현금인출기(ATM)에서 돈을 인출하는 경우

해외여행을 하다보면 현금인출기(ATM)에서 돈을 인출하는 경우가 생긴다. ATM 기기는 우리나라와 다르기 때문에, 돈을 어떻게 인출할 수 있는지를 알아야 당황하지 않는다. 이번 미션은 ATM 기기를 사용할 시에 알아야 하는 가장 기본적인 것들에 대한 숙지를 목적으로 하고 있다. 한국에서 가지고 온 카드가 해외에서 사용할 수 있는 마스터Master 혹은 비자Visa 등의 로고가 찍혀있는지 꼭 확인하자. 국내용 카드는 해외에서 사용할 수 없다. 통장 안에 현금이 있어야 출금이 가능하기 때문에 출국 전, 통장잔고가 있는지 확인하는 것도 잊지 말자.

> 한국에서와 달리 유럽은 소매치기가 많은 것으로 유명하다. 특히 눈에 뛰는 아시아인들은 소매치기 범들의 제 1 목표물이다. 돈을 인출하기 전에 주변을 한번 살펴 의심스러운 사람이 없는지 확인해보자. 가능하면 밤보다는 대낮에 ATM 기기를 사용하는 것을 권장한다.

■ 물건이나 현금을 도난당하는 경우

해외여행을 하다보면 갑자기 물건이나 현금을 도난당하는 경우가 생기게 된다. 이때 대부분의 여행자들은 매우 당황한다. 여행 도중 경찰서를 갈 일이 안 생기는 것이 물론 최고의 상황이다. 하지만 유럽은 소매치기나 도난이 많은 도시가 많기 때문에 출국하기 전 여행자 보험을 꼭 들어 놓는 것을 권장한다. 여행자보험을 들어 놓으면, 만약의 상황이 발생해 귀중품을 도난당했을 때, 일부분의 비용을 지원 받을 수 있기 때문이다. 도난사고 후 보험혜택을 받으려면 폴리스 리포트가 (경찰 진술서) 반드시 필요하다. 이것을 증거로 보험사에 제출해야 혜택을 받을 수 있기 때문이다. 이번 미션을 통해 만약의 상황에 대비해 폴리스 레포트가 어떻게 생겼는지, 또 어떻게 작성을 해야 하는지 사전에 확인하자.

> 도난당했음을 인지하자마자 가장 가까운 인근 경찰서를 찾아가자. 경찰서가 안 보인다면, 서있는 경찰에게 도움을 요청하자. 대부분의 도난이 유명 관광지 주변에서 일어나기 때문에, 경찰을 찾는 것이 어렵지 않을 것이다. 항상 꼭 소지품은 몸에 가까이 지니고, 웬만한 고가의 물건들 같은 경우에는 숙소에 안전하게 보관하는 것을 권장한다.

숙소에서 요리하기

해외여행에서 외국인들은 YHA나 에어비앤비를 통해 현지인들의 아파트를 이용하고 있다. 우리나라 여행객들도 민박을 사용하기도 하지만 YHA를 이용하기도 한다. 아마 대부분의 학생이나 여행객들은 여행지에서 요리를 만들어본 경험이 없을 것이다. 하지만 요리라는 것이 한번 해보면 느끼겠지만 매우 즐겁고 흥미로운 경험이다. 외국인과 같이 요리를 나누어 먹으면서 이야기를 해보면 매우 특별한 여행의 추억을 만들 수도 있다. 부모와 즐거운 요리를 해 볼 기회를 가져보는 것이다.

요리를 하기 전에 필요한 재료를 구매하기 위해 현지의 전통 시장이나 마트를 가볼 것이다. 현지의 시장은 한국의 시장과 분위기가 매우 달라서 색다른 경험이 될 수 있다. 마켓을 가보기 전, 시장에 가서 활용할 수 있는 다양한 상황에 맞는 문장들과 단어들을 공부해보자.

> 필요한 재료들을 미리 리스트로 써가자. 또, 대략적인 지출 예산을 머릿속에 정하고 나가야지, 안 그러면 과소비하기도 쉽고 필요 없는 물건들을 살 확률이 많다.

자녀와 함께하는 미션 프로그램

1 박물관 런닝맨
(런던 대영박물관, 내셔널갤러리, 파리 루브르박물관, 오르세미술관 등)

박물관이나 미술관에서 에서 가장 유명한 그림이나 조각 등을 5개를 선정하고 그 작품을 기억한 후 해당 그림의 부분에 가서 사진을 찍는다. 외국인에게 질문을 해야 하고 질문을 하면서 자부심과 영어의 자신감 향상도 이루어질 수 있다. 여기에서 유럽의 박물관은 전체를 대상으로 하면 작품이 많아 길을 잃어버릴 수 있으므로 1~2개관의 공간만 대상으로 작품을 선택하는 것이 좋다.

내셔널갤러리

전 미술관이나 박물관을 대상으로 하면 자녀가 길을 잃을 수 있다. 작은 박물관은 전체를 대상으로 하면 작품수가 많아져서 박물관을 돌아다니며 다른 그림까지 볼 수 있는 효과가 있고 큐레이터에게 물어보면 상세히 알려주어 미술에 대해 좋은 인상을 가질 수 있어 좋다. 특히 루브르박물관은 전체의 그림을 찾도록 하면 안 된다. 'ㄷ'구조로 되어 드농관만 하나만 프로그램을 해도 2시간 정도까지 소요될 수 있다. 미술관이나 박물관에서는 절대 뛰지 말도록 하고 다 보고 난 후에는 상으로 유도하고 벌은 없도록 하여 의욕을 꺾지 않도록 한다.

대영박물관   루브르박물관   오르세

2 1일 리더

부모와 순서대로 한 번씩 돌아가면서 리더를 정해 그날의 일정을 맡아서 여행하는 것이다. 어떤 상황에도 대처할 수 있는 실질적 리더역할을 수행하며, 하루간의 여행을 책임지고 갑작스런 상황을 헤쳐 나가면서 자신감을 향상시킨다. 영어로 외국인과 이야기 하여 상황별 대처능력도 향상시킬 수 있다.

1일 리더 선택 ▶ 관광지 선택 ▶ 지하철, 버스 승하차시 패스구입 ▶ 목적지 찾아가기 (현지 외국인들에게 길 물어보기 등)

▶리더쉽 향상   ▶상황별 대처능력 점검 및 향사   ▶자신감 향상

3 자기 소개하기

현지인과의 만남의 시작은 자기소개이다. 하지만 외국인과의 대화에 처음부터 힘들어 한다. 자기소개에 대한 교육과 그것을 영어로 대비하도록 교육하여 직접 현지인과의 대화에 사용하여 영어가 자연스럽게 체화될 수 있다.

▶영어에 대한 자신감 향상   ▶재미와 협동력을 기르게 함   ▶외국인에 대한 무서움 없애기

4 한국 알리기

한국 알리기는 외국에서 한국에 대한 애국심과 함께 한국의 전통을 되새겨 볼 수 있게 하며 세계 속의 한국을 느껴볼 수 있다. 미리 한국에서 준비한(출발 전 준비물) 한국 전통 물건과 미션테마(부채, 독도사진, 비빔밥사진 등)을 가지고 외국인들을 만나 대한민국을 소개하며 퀴즈를 통한 대화를 시도한다. 외국인들과 대화를 시도해나가 외국인에 대한 두려움을 줄이게 만든다.

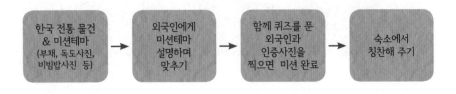

▶외국인에게 한국을 알리기 위해 전통이나 역사를 공부하게 되어 애국심 배양
▶미션테마로 외국인들과 대화를 통해 표현력과 상황대처 능력과 적극성 향상
▶외국인과의 대화를 통해 친화능력을 길러 줌

5 골든 벨 퀴즈

다음날 여행코스를 미리 숙지하거나 그동안 다녀온 관광지를 자녀가 알도록 하기 위한 프로그램이다. 자칫하면 그냥 아무런 의미 없이 그냥 따라만 다니는 유럽여행이 될 수 있는 것을 방지하기 위해 고안했는데 관광지를 잊지 않도록 도와준다. 잘했을 경우에 자녀가 직접 사용할 수 있는 1일 용돈을 주면 효과를 높일 수 있다. 게임을 통한 적극적인 참여를 유도 시켜 자연스럽게 일정 등을 숙지하게 되는 효과를 얻을 수 있다.

6 여행 일기

여행 일기로 하루 일과를 마무리 할 수 있도록 하고, 모든 글쓰기에는 부모와 그날의 재미있었던 점과 아쉬웠던 점을 서로 이야기하고 나서 일기를 쓰는 것이 자녀가 여행을 되새겨 볼 수 있는 기회가 된다. 자녀는 부모와의 대화로 표현력을 강화시켜주어 글쓰기 실력을 향상시키게 된다.

유럽 핵심 도보 여행

유럽을 처음으로 여행하는 여행자들은 처음에 여행을 어떻게 할지 몰라 당황하는 경우가 많다. 하지만 유럽의 도시들을 여행할 때는 대부분 도시 안에서 여행하는 패턴이 있다. 그 방법을 처음에 숙지하고 여행을 하다보면 자연스럽게 여행의 습관이 생겨나게 된다. 유럽의 도시들을 여행하는 방법에 대해 알아보자.

1 목적지의 기차역에 도착하면 먼저 인포메이션 센터를 찾아가는 습관을 들이는 것이 좋다. 시내 지도를 받아 이동하는 방법을 문의할 수도 있고 가끔 축제나 행사가 있을 경우 관련 정보를 얻을 수 있다.

2 숙소를 예약하지 않은 경우 인포메이션 센터에서 YHA 등 저렴한 숙소를 물어보고, 찾아가는 방법도 문의할 수 있다. 야간 기차를 타고 다른 도시로 이동할 예정이라면 역 안에 있는 코인라커에 큰 배낭은 맡겨두고 필요한 짐만 가지고 가볍게 도시를 둘러볼 수 있다.

3 런던, 파리같은 대도시를 제외하면 대부분 유럽의 도시들은 도보로 여행이 충분히 가능하다. 마을 중심에 있는 광장에 도착해 도시의 거리를 중심으로 볼거리들이 보이게 된다. 만약 런던같은 대도시라면 도보 여행과 지하철, 버스를 타고 관광지에 도착해 그 역을 중심으로 여행을 하게 될 것이다.

4 시내 지도와 가이드북을 보면 찾아가는 데 어려움이 없지만 잘 모를 경우에는 주저하지 말고 지나가는 현지인에게 물어보는 것이 가장 좋다. 그러니 물어보는 것을 창피하게 생각하지 말자.

5 유럽에서는 마트나 슈퍼가 우리나라처럼 흔하지 않으므로 물이나 간단한 먹거리는 눈에 보였다면 사 두는 것이 좋다. 아니면 숙소에 도착했을 때 가장 먼저 마트와 슈퍼를 프런트에 물어보고 들어가서 미리 물이나 필요한 물품을 사두는 것이 좋다. 우리나라처럼 늦게까지 하는 마트도 있지만 많지 않다. 같은 콜라나 물이라도 기차 안, 역전, 역 밖 등의 가격이 다 제각각이기 때문이다.

6 너무 후미진 골목은 되도록 돌아다니지 않는 것이 좋다. 이유없이 너무 친절을 베풀면 일단 경계를 하는 것이 좋다. 밤의 야경을 보러가는 것은 혼자보다는 숙소에서 만난 여행자들과 같이 어울려 다니는 것이 사진을 찍기도 좋고 안전하다.

Chapter 1

자녀가 주도하는 유럽여행 수업

01 이름표 꾸미기 (전 연령)

자녀는 부모가 자기 이름을 불러주면서 자신을 인지하기 시작한다. 유럽 여행을 하면서, 아이의 이름을 영어로 꾸미는 것은 자녀와 함께 추억을 남기기 좋은 방법이다. 도화지나 색종이를 사용하지 않고 재활용품 등으로 만들어도 상관없다. 이를 통해 자녀의 존재를 부모에게 알리고, 부모는 아이가 자신을 신뢰한다고 느끼게 된다. 다양한 언어로 자신의 이름을 꾸며보는 것도 좋은 기억을 남기는 또 하나의 방법이다. 또한 아이와 함께 이름표를 만들어서 붙이고 있으면, 자녀와 떨어지게 되었을 때 자녀를 찾기 수월하다.

자존감이 낮거나 참을성이 부족한 아이에게 모성을 느끼게 해주고, 자기만의 표현을 통해 인내심과 긍정적 사고를 가질 수 있게 해준다.

준비물 : 색도화지(A4용지), 연필 또는 볼펜(현지에서 구입도 가능), 양면테이프, 가위

① 자녀의 이름을 만든 계기와 이름의 뜻을 이야기하여 알려준다
② 이름표나 색도화지에 자신의 이름을 쓰도록 한다.
  (영어가 가능하면 영어로 적으면 외국인이 쉽게 인지할 수 있다)
③ 마지막으로 투명 테이프를 위에 붙이면 이름표가 훼손 되는 것을 방지할 수 있다.
④ 외국인 친구를 사귈 때 사용할 수 있도록 여행 중에 소지한다.

02 과녁에 휴지 물 뭉치 던지기 (중학생 이상)

찰흙은 아이의 정서를 안정시켜주는 데에 도움을 주는 미술재료이다. 하지만 해외에서 찰흙을 구하기는 쉽지 않으므로 화장지를 이용한다. 과녁에 다음날 자녀가 받고 싶은 액수의 용돈이나, 가고 싶어 하는 상점을 적어서 자녀가 휴지 뭉치를 던지도록 해준다. 휴지 뭉치를 던지면서 자신이 느끼고 있는 부정적인 감정을 해소할 수 있고 다양한 감정을 표현할 수 있다. 이로써 부모와 자녀가 서로의 속마음을 나눌 수 있는 기회를 가지게 된다. 과녁을 여러 가지 모양으로 만들면 아이의 참여도를 높일 수 있다.

표현력이 부족하고 감정을 억제하는 아이에게 이를 통해 부정적인 감정을 표출하여 스트레스를 해소 시키고, 대화를 하면서 성취감과 긍정적인 마인드를 가지게 한다.

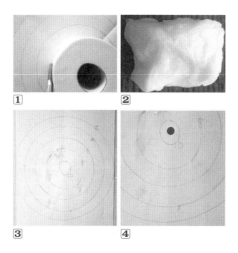

준비물 : 화장지, 도화지(도화지가 없다면 여행지의 지도를 활용 가능), 색연필이나 볼펜

1 도화지에 펜으로 동그라미나 사각형을 여러 개 겹쳐 그린다.

2 원이나 네모 칸 안에 용돈을 적거나, 부모와 나누고 싶은 대화의 제목을 적는다

3 화장지를 작고 동그랗게 뭉쳐 물에 적신 후 벽면에 던진다. (이때 유리창은 깨질 가능성이 있으므로 단단한 벽면을 사용한다. 호텔의 화장실 벽면이 효율적이다.)

4 물에 적셔진 화장지를 모아 하트, 별 등의 새로운 모양을 만들면 마지막에 청소를 줄일 수 있다.

03 색종이 조각에 관광지 적어 여행가기 (유치원~중·고1까지)

종이를 큰지막하게 찢어 관광지를 찾아서 여행하는 것이다. 종이를 찢는 행동은 아이들이 금기를 허용한다는 점에서 여러 가지 감정이 유발된다. 산만하거나 충동적인 아이들은 편안함을 느낄 수 있고 자유롭게 만들어진 종이 조각으로 자유로움을 얻을 수 있다. 그러면서 자녀는 그동안 감추었던 부정적인 감정을 드러내게 된다.

종이 조각에 적은 관광지를 찾으면서 자신이 여행한 관광지를 알게 되고 어떤 장소인지에 대한 설명도 해줄 수 있다. 그러면서 대화는 늘어나게 될 것이다. 충동적이거나 부정적 감정을 감추었던 자녀가 미술을 통해 구체적인 감정을 표출하고 자유롭게 찢는 종이조각을 보면서 자유롭고 편안한 마음을 가지게 된다.

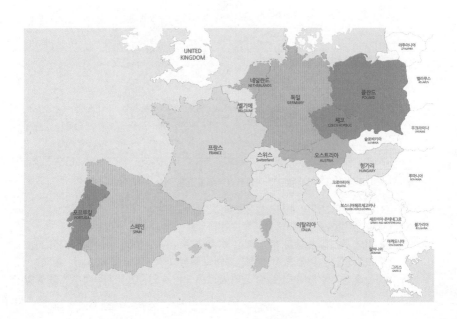

준비물 : 색종이나 여행지의 잡지나 지도, 도화지나 지도, 딱풀, 펜(색연필)

① 자녀가 싫어하는 관광지의 사진이나 색종이를 고른다.
② 색종이나 관광지의 사진을 찢는다.
   (산만한 아이의 경우에는 찢어진 종이 크기를 지정해주어도 좋음)
③ 도화지에 찢은 색종이를 자녀가 원하는 대로 붙인다.
④ 마음대로 붙여진 색종이를 다녀온 관광지의 이름을 연결해본다.(아이가 종이를 찢어
   붙이고 그림을 그리면서 이야기하는 내용은 어떤 이야기라도 부모는 듣고 이해해야
   한다.)

04 유럽 여행지 기억 지도 만들기 (초등 고학년 이상~)

자녀는 유럽여행의 시간이 지나가면 피곤이 누적된다. 피곤할수록 유럽여행이 하고 싶은 여행이어야 하는데 많은 부모와 자녀는 왔으니 여행한다는 식이 되면 유럽여행은 재미없는 여행이 된다. 여행지의 지도를 그리면서 유럽여행의 관광지도 기억하고 관광지 주변에 관심을 가질 수 있도록 해준다. 여행지의 지도를 그리기 전에 자녀와 실제로 도시를 여행하면서 관광지에 대한 이야기를 가이드북에서 찾아 읽어준다. 유럽여행에 큰 도움이 된다. 지도그림 속 유럽여행을 떠나보면 자녀는 관광지에 대해 알고 싶어 한다. 그때 관광지에 대한 역사적 사실이나 중요 포인트를 간단하게 자녀에게 이야기해주는 것이 가장 중요한 포인트이다. 부모가 너무 간섭하면 부딪치기도 하니 자녀의 수준에 맞추어 이야기해주는 것이 복잡하고 체계화시킨 여행지를 기억하게 된다.

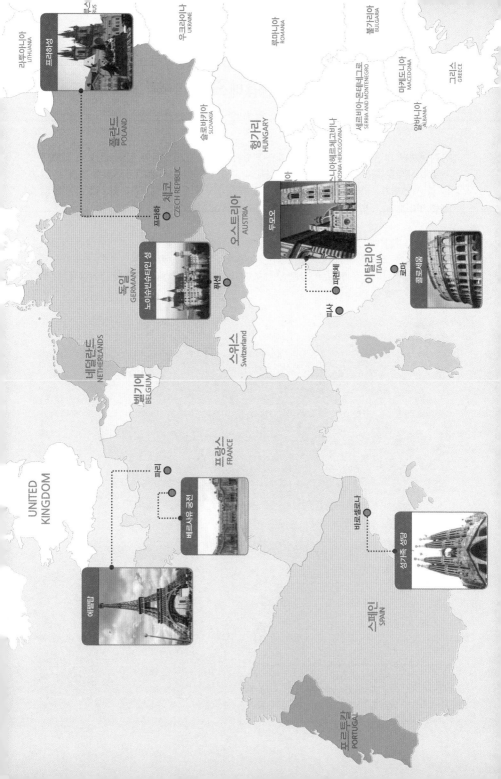

05 부모와 자녀의장단점 베스트 5 (전 연령)

유럽여행을 하면 24시간을 옆에 붙어서 생활하고 여행하기 때문에 집에서 볼 수 없었던 서로의 새로운 점을 발견하게 된다. 이것을 피곤해 하는 부모도 많지만, 대화를 늘릴 수 있는 좋은 소재가 되어 자녀의 새로운 점을 알아낼 수도 있을 것이다. 아이와 대화하면서 훈계를 하려고 하지 말고 친구처럼 대화를 해야 소통이 가능하다.

무심코 지나칠 수 있는 행동이 여행지에서는 큰 단점으로 다가올 수 있다. 여행을 하면서 많이 싸우게 되어 빨리 집에 가고 싶다는 이야기가 나오기도 한다. 부모는 자녀와 친구처럼 서로의 장, 단점을 적어 보여주면서 대화도 나누고, 이를 통해 자녀와의 거리를 좁힐 수 있는 좋은 기회를 얻게 된다.

장점

1.

2.

3.

4.

단점

1.

2.

3.

4.

준비물 : 장, 단점 리스트 표(없다면 현지에서 구입한 노트 등), 색연필이나 펜

1️⃣ 장, 단점을 적을 수 있는 리스트를 디자인한다.

2️⃣ 자녀가 장, 단점을 적을 때 부모는 지켜보지 말고 시간을 부여한다.

3️⃣ 서로가 적은 내용을 대화할 수 있도록 공간과 시간을 마련한다.

4️⃣ 단점은 긍정적으로 이야기하는 것이 좋다. (단점은 잠정적인 기술보다는 '어떤 상황에서, 어떤 점이 ~ 했다.' 라는 식으로 쓰면 서로의 생각과 감정을 이해하는 데에 도움이된다.)

06 여행지 소셜 아톰^{Social Atom} (전 연령, 주로 고등학생 이상)

소셜 아톰은 사회와 자신을 둘러싼 관계를 분자로 나타내는 것으로 분석 심리학에 기초한 사회적인 존재로의 인간관계를 나타내는 것이다. 이것을 여행지 소셜 아톰으로 나타낸다면 남자(O표시), 여자(△표시), 여행지(□ 표시)로 나누고 A4 용지에 그려서 자신의 심리와 사회관계의 심리적 표시를 한다. 그리고 여행지에서의 관계로 여행에서 자녀가 심리적으로 관심을 두고 있는 관광지와 그 사연을 알 수 있게 된다.

쇼셜 아톰은 사회적인 존재로서 인간관계를 그림으로 표현하는 방법으로, 간단한 도형을 이용하여 짧은 시간 안에 자신의 인간관계를 나타낸다. 자신과 심리적으로 가깝다고 생각하면 가까운 곳에 크게 그리고 멀게 느끼면 먼 곳에 작게 그린다. 자신의 위치는 마음대로 위치와 크기에 상관없이 한다. 색칠도 자신이 원하면 하도록 한다.

준비물 : 종이(A4용지)나 도화지, 색연필이나 색상펜

① 현재 자녀의 머리 속에 있는 인물을 떠올리게 한다.

② 자신부터 그리고 자신에게 심리적으로 가까우면 크고 가깝게, 멀면 작고 멀게 그리도
록 알려준다.

③ 남자(O표시), 여자(△표시), 여행지(□ 표시)로 나누고 A4 용지에 그린다.

④ 인원이 많아지면 이름을 작게 쓰도록 해준다.

⑤ 그림을 완성하고 나면, 자녀가 설명해주는 것을 잘 듣고 소셜 아톰에 대해 생각한다.

115

07 내 마음 딱 붙이기 (전 연령)

미술치료에서 콜라주는 가장 많이 사용되는 방법 중 하나이다. 그리거나 만드는 것에 서툴 거나 자신의 생각이나 감정을 표현하는 데 서툰 아이에게 적합하다. 여행한지 1주일 정도 의 시간 동안 자녀가 느껴 온 자신의 속마음을 여행지에서 받은 잡지로 표현하게 한다. 이 로써 자녀가 받은 감정을 자연스럽게 알아갈 수 있다. 잡지를 선택하고 잡지의 내용도 보 면서, 해당 나라의 문화를 이해하는 계기를 가지게 된다. 생각보다 깔끔하게 자르고 붙이 는 자녀가 많아 칭찬을 많이 하는 좋은 기회가 될 수 있다.

미술 활동에 서툰 자녀가 편안하게 자기표현을 하면서 자기 욕구와 심리를 드러낸다. 이를 통해 자녀가 가지고 있는 부정적인 사고를 없앨 수 있다.

준비물 : 여행지의 잡지, 신문, 지도, 홍보책자, 가위, 딱풀

1 잡지에서 마음에 드는 이미지를 가위로 오린다.
  (오리지 않고 손으로 찢어서 붙여도 됨)
2 오린 이미지를 도화지에 붙인다.
3 자신의 감정을 말풍선으로 표현해 보도록 도와준다.
4 글을 쓸 때는 부모가 보는 앞에서 쓰지 않고 자유롭게 쓰도록 환경을 마련해 준다.

08 자녀에게 주는 상장 (전 연령)

유럽 여행은 부모가 신경을 써야하는 부분이 많지만, 자녀도 준비하고 적응하는 과정이 필요하다. 그리고 이는 쉬운 일이 아니다. 여행의 막바지에 자녀가 힘이 들어 피곤해 한다면 아이에게 상을 주어 보자. 중, 고등학생도 유치하다고 이야기하지만 결국 좋아하는 것은 '상'이다. 상을 주면서 유럽 여행에서의 긍정적인 보상으로 만들어 준다. 스스로 주는 상장을 만들면 여행에서 자신이 한 행동을 돌이켜보게 하는 기회가 될 수 있다.

유럽 여행은 장기간의 여행이기 때문에 좋은 점만 있는 여행이 아니다. 싸우기도 하고 화내기도 하는 여행이므로, 자녀의 장점을 격려해주는 퍼포먼스가 필요하다. 자녀는 부모에게 상을 받으면 자존감이 높아지고 이는 좋은 추억으로 남겨진다. 유럽 여행은 그 비용이 상당하고 많은 준비가 필요하기 때문에, 부모는 비용만 생각하여 많이 볼 생각에만 빠지게 된다. 하지만 자녀가 많은 것을 본다고 유럽 여행지의 많은 관광지를 다 기억할 수 있는 것은 아니다. 상장을 수여하면 유럽 여행의 좋은 추억을 간직할 수 있을 것이다.

1   2   3   4

준비물 : 미리 준비해 간 상장 디자인 상장 스티커(여행지에서 받은 잡지에 상장스티커로 표현), 딱풀 등

1 상장의 디자인이 없다면 A4 용지에 테두리를 상장처럼 장식해 준다.
2 현지에서 받은 여행홍보 팜플렛에서 상장 스티커를 만들어 붙여준다.
3 자녀가 잘한 행동이나 유럽 여행에서 잘한 점을 적어 상의 제목을 만들어 준다.
4 상을 받았다면 자녀도 부모에게 상장을 주도록 같이 만들어 본다.
5 서로에게 상의 내용을 소리 내어 말하고 상장을 수여해준다.
6 아이가 상장을 뿌듯하게 생각하도록 사진을 찍고 SNS에 올려 아이의 긍정적인 사고를 길러준다.

09 함께 사는 세상 퍼즐 맞추기 (전 연령)

유럽여행의 마지막 시기에 자기중심적인 생각에서 벗어나 세상과 어울리면서 유럽 문화의 가치와 규칙을 공유하고 갈등을 해결하는 능력을 기를 수 있다. 사회성과 문제해결능력을 마무리하는 자녀와 함께 하는 프로그램으로 효과적이다.

사각형의 종이를 가위로 자르고 자른 조각 위에 그림을 그리면서 자녀와 소통할 수 있다. 자녀가 자기의 땅을 장식하면 대화를 나누고 격려해준다. 유럽여행에서 배운 점을 비전과 함께 그려서 의논하는 시간을 갖는다면 유럽여행에서 더욱 가까워진 자녀와의 시간을 가질 수 있을 것이다. 자녀는 자존감을 향상시킬 수 있고 협동과 양보의 마음을 배울 수 있다.

① ② ③

준비물 : 여행지에서 받은 홍보물, 가위, 딱풀

① 자녀가 종이를 원하는 조각 수로 나눈다. 이때 6조각 이상은 시간이 너무 오래 소요되니 나누어진 조각수를 조절한다.
② 여행지와 여행지에서 여행할 때의 심리적인 그림을 여행 홍보책자의 사람 얼굴에서 찾아오려 붙거나 그린다.
③ 그린 조각을 퍼즐처럼 맞춰본다.
④ 자신이 꾸민 조각을 소개하고 자녀와 질문을 하면서 대화를 나눈다.
⑤ 퍼즐에 나온 구성원과 그림을 서로 이야기해본다.

10 나의 미래 명함 만들기 (전 연령)

A4 용지를 이용해 자신이 원하는 미래를 꾸며 명함을 만드는 것이다. 얼굴로 표현을 하든 그림을 그리든 재활용품을 사용해 꾸민다. 팀별로 서로 이야기하면서 고칠 수 있는 부분은 고치도록 한다. 명함을 만들 수 있는 추가 시간을 부여하는 것이 좋다.

명함에는 미래를 표현하든 내가 원하는 어른이든 아이들이 원하는 미래 어른의 모습과 바뀌었으면 하는 어른의 모습을 반영해 명함을 꾸미도록 이야기를 한다. 어른의 모습을 이야기하면서 개인의 심리와 현재 바라보는 세상의 모습을 알 수 있고 서로 친해지고 환경을 생각할 수 있는 프로그램이다.

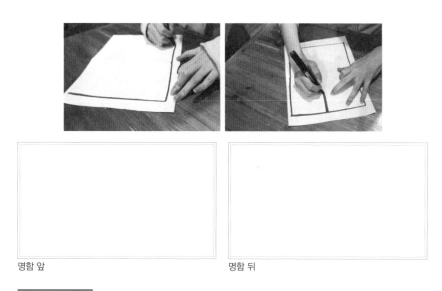

명함 앞   명함 뒤

준비물 : A4 용지나 도화지, 색연필이나 펜, 자녀의 사진

1 네모난 테두리 선을 그리고 붙일 수 있는 큰 용지를 준비한다.
2 자녀의 미래에 되고 싶은 인물을 유럽여행에서 달라진 점이 있는지 대화를 하고 만들 수 있도록 한다.
3 어른의 모습을 자녀의 사진에 추가로 그려서 자녀의 사진 위에 그린다.
4 명함이 만들어지면 이유를 자녀의 관점에서 들어준다. 부모가 원하는 인물이 아니라고 해도 되도록 들어주는 것이 좋다.

Chapter 2

부모의 1일 여행 체크리스트

기상 / 출발

- 기상 시간은 8시를 원칙으로 하고, 변동사항이 있을 경우 전날 저녁에 확실히 전달한다.
- 민박에서 숙박할 경우 아침에는 화장실이 혼잡해 저녁에 미리 샤워를 하고 자는 것을 권한다.

외출 전

- 아침 식사 후 외출 준비 시간을 준다. 간혹 아침식사를 못했거나 세면 시간이 필요하면 이때 하도록 한다.
- 카메라, 지갑, 노트, 펜은 매일 기본적인 준비물이며 추가적으로 필요한 것은 당일에 확인한다. (날씨 등 현지 상황에 따라 일정에 변동이 생길 수 있다.)
- 선크림은 꼭 바르도록 한다.
- 여행경비는 지갑을 들고가지 말고 그 날 필요한 용돈을 받아간다. 용돈은 수시로 주지 않고 하루에 한 번만 준다.
- 그 날의 리더를 알려주고 그 날 이동하는 장소와 이동 수단 등을 미리 설명해 준다.

이동

- 지하철/버스 이동 시 차에 타기 전후에 한 번씩 확인한다. 에스컬레이터/엘리베이터 이동 시에도 마찬가지로 체크한다.
- 신호등을 건널 때 걸음이 느린 자녀는 신호 내에 다 건너지 못하는 경우가 생기므로 특별히 신경 쓴다.

교통사고 및 물건 분실 / 도난 주의

- 차도 위를 걷거나 차도 가까이로 가지 못하도록 주의한다.
- 지갑, 카메라, 현금 등은 무조건 가방 안에 넣고 이동하도록 한다. 손에는 아무것도 들지 않게 한다.

지하철 / 버스 티켓 및 입장권

- 한 명씩 살 경우 시간이 오래 걸리므로 가족 전체 티켓을 구매하도록 한다.
- 티켓을 먼저 구매했다고 먼저 입장하지 말고 인원 확인을 한 뒤 다같이 입장한다.

저녁 식사 후 일정

• 숙소에서 나가는 일이 절대 없도록 한다.
• 일기, 용돈 기입장을 작성하는 시간을 주고 교대로 미션 점검을 한다.

자기소개 스피치

현지에 도착한 지 얼마 되지 않아 아직 영어로 말하는 것이 어색한 자녀를 위한 워밍업 미션. 30초~1분 정도(5문장 이상)의 자기소개를 먼저 작성하도록 한 뒤 모두 앞에서 소개하게 하고 동영상 촬영. 작성 전 이름, 나이, 취미, 좋아하는/싫어하는 것 등 구체적인 항목을 가이드라인으로 제시해 주는 것이 좋다.

외국인과 사진 찍기

쇼핑몰 같이 어느 정도 안전이 보장되는 곳에서 팀 별로 시행. 특정한 외국인을 지시해서 촬영할 수도 있다. (예: ~옷을 입은 사람, 한국제품을 사용하는 사람 등) 반드시 자기 소개를 먼저 하고 school homework 이라고 한 뒤 사진 촬영을 요구하도록 한다. 경우에 따라 이름, 국적 등을 묻는 간단한 인터뷰도 같이 한다.

사진 미션

특정 장소, 특정 물건과 같이 사진을 찍어오게 한다. 가족과 다같이 찍히도록 해서 자녀가 누군가에게 사진을 찍어달라고 부탁하게 만든다.

신문 만들기

A4용지를 주고 한 팀에 1장씩 작성하게 한다. (레벨에 따라 1면/2면) 각자가 기자가 되었다고 생각하고 기사 1개씩을 작성하게 한다. 신문 이름, 기사 제목도 확인한다.

골든벨

스피킹Speaking 수업 때 배웠던 내용을 확인하는 차원의 문제. 주로 표현 위주로. 문제/답 모두 영어로. 단어를 물어볼 때도 한국어 단어를 번역하는 차원의 문제가 아니라 영어로 그 단어에 대한 설명을 제시한다.

Q : What do you fill out when you arrive at the airport of a foreign country?
A : Landing card

친구에게 엽서 쓰기

다른 종이에 먼저 쓰게 한 뒤 내용과 분량을 검사하고 현지에서 산 엽서에 옮겨 적도록 한다. 집 주소는 한글로 쓰고 Korea만 따로 영어로 쓰면 된다. 연락해서 우체국 방문 전까지 주소를 알아오도록 한다. 전부 작성한 뒤 보관한다.

우체국에서 엽서 보내기

우체국에 도착한 뒤 엽서를 나눠준다. (분실우려) 각자 우표를 사고 엽서를 보내게 하며 안 보내는지 확인한다.

폴리스 리포트 작성

분실/도난 사고가 생길 경우 경찰서에 가서 폴리스 리포트를 작성하게 한다. 분실 사건도 도난으로 쓰는 것이 좋다. 작성자 학생의 여권 꼭 챙겨갈 것.

한국 알리기

한국에 대한 물건을 외국인에게 소개하는 미션. 한국에서 미리 준비해 오도록 한다. 준비해 온 물건이 없을 경우 빌리거나 급조하도록 한다. (예: 부채, K-pop관련사진, 탈, 라면 등) 3~5분 동안 설명할 내용을 미리 작성하게 한 뒤 첨삭한다. 쇼핑몰과 같이 안전이 확보된 장소에서 팀 별로 이동하면서 개인 별로 수행한다.
동영상 촬영. 자기 소개를 한 뒤 숙제school homework이라는 점을 설명해 주고 미션을 시작하도록 한다. 앉아서 쉬고 있는 사람들 위주로 접근하도록 한다. 미션 시간은 1~1시간 반 정도로 여유 있게 준다.

사진전

여행 마지막 날에 진행한다. 여행 동안 자신이 찍은 사진 중 가장 맘에 드는 사진 1장을 고르고 사진 설명/선정 이유 등을 발표한다.

상장 만들기 / 시상

상/벌점을 합산하여 상장을 만들고 시상한다. 상품은 현지의 저렴한 기념품 등으로 한다.

Chapter 3

자녀에게 들려줄 유럽이야기

1 홍차 & 코벤트 가든

영국인들은 녹차보다 홍차를 좋아한다. 녹차는 발효시키지 않고 그대로 말린 찻잎을 말하는 것이고 홍차는 발효시켜 말린 찻잎을 말하는 것이다. 우리나라와 중국, 일본은 녹차를 좋아하는데, 영국인들은 오후에 홍차를 마시는 "티타임Tea Time"을 따로 가지는 시간까지 가질 정도로 홍차를 좋아한다. 왜일까?

영국에 처음으로 홍차가 들어온 것은 17세기 중반이다. 중국에서 배로 실어나를 때 녹차는 운반되면 녹차 잎이 발효가 되버려 사용을 할 수 없었다. 그런데 발효된 녹차는 영국인들이 더 좋아하는 맛이었다. 그래서 우유나 설탕을 타서 마시면서 더욱 맛좋은 홍차가 된다는 것을 알 수 있다. 새로운 홍차 맛에 길들여지면서 18세기에 상류사회에서 차를 마시며 시간을 즐기는 것이 유행처럼 번졌다.

19세기에 사교계에서 유명했던 베드퍼드 공작 부인이 오후 4시에 홍차와 케익을 먹는 습관을 사교계에 퍼뜨리며 "에프터눈 티(오후에 홍차 마시기)"가 탄생을 했다. 영국 상류사회에서 홍차를 즐기게 된 것은 한낮의 나른함을 풀기 위해 사교 모임에서 마시는 일이 영국 전체로 퍼져 나갔다. 19세기중반에는 전 계층에서 홍차를

마시는 것이 일반화되었다. 지금도 영국인들이 아침식사와 티타임으로 차를 마시는 것은 17세기부터 시작된 오래된 습관이다.

코벤트 가든

17세기 처음 문을 연 영국 최대의 청과물 시장이 있는 곳의 이름이 코벤트 가든이다. 하지만 코벤트 가든이란 이름의 정원은 없다. 우리의 양재동 꽃시장처럼 꽃과 꽃에 필요한 물건을 파는 꽃시장이 있다. 아침에 가면 상점주인들과 이야기하면서 여러 가지 물건을 소개 받을 수도 있다. 잘 정돈된 상가들이 나열되어 있고,

이곳의 좁다란 광장에서는 매일 다른 사람들이 재능을 뽐낸다.
이 코벤트 가든의 지하에는 다양한 상점들이 있는데 유명한 차를 파는 브랜드들이 많다. 홍차를 보면서 직접 마셔보며 원하는 홍차를 구입할 수 있어 코벤트 가든에서 많은 홍차 브랜드가 매장을 운영하고 있다.

❓ 추리소설 & 유럽의 기차

유럽여행은 많은 여행자들이 기차로 도시와 도시를 이동하면서 여행을 하게 된다. 다른 지역보다 특히 기차여행이 일반적이다. 왜 유럽은 기차여행이 발달한 것일까?

18세기, 영국의 산업혁명이후에 전 유럽은 산업혁명이 일어났다. 19세기에 대부분의 유럽은 산업혁명이 끝났다. '산업혁명'은 자연의 힘인 가축과 인간의 힘을 대신해 기계의 힘으로 생산해내는 엄청난 변화였다. 18세기, 영국에서 발명된 방적 기계는 대량으로 천을 생산해냈고 19세기 초 영국은 세계에서 가장 먼저 산업사회가 됐다. 농사보다 공장에서 일하는 것이 훨씬 돈을 벌기가 쉬우면서 도시의 노동자로 들어와 자연스럽게 공장이 많이 생겼다.

많은 사람들이 일거리를 찾아 도시로 몰려들었지만, 노동자들은 도시 뒷골목이나 변두리에 모여 살았다. 대부분의 일을 기계가 하고 사람은 기계를 조작하는 단순한 일을 하여 월

급이 적었다. 하지만 산업혁명이 지속적으로 개선되면서 1860년대부터 차츰 생활이 나아지기 시작했다. 이때부터 토요일 오후에는 쉴 수 있었고, 큰 기업에서는 1년에 열흘 정도의 휴가도 보내주었다. 휴가를 가기 위해 산업혁명에서 놓여진 철도가 본격적으로 관광 열차화 되기 시작했다.
기차를 이용해서 여행이 가능해지자 점점 멀리 여행을 떠나는 사람들이 늘어났다. 철도기업들은 승객을 끌어 모으기

위해 지속적으로 요금을 내렸고 주말이나 휴일에는 저가의 3등 기차표를 발행하여 바닷가나 경치 좋은 시골까지 갈 수 있게 해주었다.

이것은 인간 삶에 큰 변화였다. 이전에는 상류층 사람들만 마차를 타고 온천이나 바다 여행을 즐겼는데, 기차가 대중화되면서 서민들도 쉽게 여행을 할 수 있었다. 기차는 영국 서민들의 마음에 여유로움을 안겨 주고, 일반인들의 지적 수준을 끌어올린 상징물이 되었다. 그런데 영국 기차는 20세기 들어 또 한번 변화했다.

영국 전역은 물론 멀리 터키의 이스탄불까지 운행하는 오리엔트 특급열차를 선보여 기차 여행의 낭만을 한껏 강조한 것이다. 기차에 침대를 설치하여 잠을 잘 수 있게 했고 창문 밖으로 끝없이 펼쳐지는 색다른 풍경을 멋지게 광고했다. 그리고 기차 여행의 열기에 힘입어 새로운 형태의 탐정소설도 등장했다. 기차 안에서 일어난 사건을 다룬 '철도 미스테리' 추리소설이었다.

당시 영국은 추리소설의 황금시대로 코난 도일의 셜록 홈스가 최고의 인기를 누렸다. 그런데 프리먼 크로포츠가 아주 이색적인 주인공을 등장시켜 이색적인 사건을 해결하게 함으로써 폭발적인 인기를 얻었다. 크로포츠는 그 전까지 능력없는 사람으로 대접받던 경찰관을 주인공으로 삼았으며, 철도 기사로 일했던 자신의 경험을 살려 사건 현장을 열차로 정하고 사건 열쇠로 알리바이를 설정했다.

빠른 속도로 달리는 기차 안에서 일어난 사건, 범인은 틀림없이 열차에 타고 있는 사람 중의 한명이다. 그런데 용의자로 지목된 사람들은 모두 알리바이를 갖고 있다. 과연 진범은? 반전에 반전을 거듭하는 소설을 읽으며 독자들은 예상과 다른 전개에 혀를 내두르게 되었다.

크로포츠는 1920년에 발표한 〈나무통〉을 시작으로 〈폰슨 사건〉,〈열차에서의 죽음〉등을 연이어 발표하여 철도 추리소설의 제1인자가 되었다. 이후 아가사 크리스티도 끊임없이 이동하는 열차의 한정된 공간에서 벌어지는 사건을 자주 작품 소재로 삼아서 영국 추리소설의 명맥을 이어나갔다. 기차는 지금도 여러 작가에 의해 자주 다뤄지고 있다.

3 콜로세움과 검투사

지도를 보면 장화처럼 생긴 이탈리아는 유럽 남부에 위치하고 있다. 이탈리아라는 이름은 '송아지의 땅'이라는 뜻의 고대 이탈리아어 '비텔리아'에서 유래했다. 당시에 이탈리아에서 소를 많이 길렀기 때문이라고 한다. 이탈리아는 지금은 유럽의 작은 나라지만 먼 옛날에는 전 유럽을 지배한 로마 제국이었다. 로마제국은 유럽부터 북부 아프리카까지 다스린 역사상 가장 위대한 제국이다.

로마는 도로를 건설하여 교통을 편리하게 만들어 거대한 제국의 물자를 빠르게 이동시켰다. 로마시에는 콜로세움이라는 경기장을 지어 군중들에게 볼거리를 만들어 주었다. '콜로세움'은 로마의 거대한 원형 극장을 말한다. 로마인들은 반원형 아치형태로 다양한 건축물을 세웠는데 그중에서 콜로세움을 가장 크게 만들어 많은 로마의 시민들이 검투사경기를 즐길 수 있게 만든 것이다.

콜로세움은 배들이 떠다니는 인공호수였던 것을, 해전을 좋아한 네로 황제가 인공호수를

파고 앞에는 자신의 커다란 동상을 세우고 '콜로쏘Coloso'라고 부르게 했다. 그 후에 로마에 큰 화재가 났다. 로마 시민들의 민심을 잡기 위해 티무스 황제는 원형 극장을 세우고 콜로쏘라는 이름에서 '콜로세움'이라고 이름을 지었다.
콜로세움은 로마인들의 놀라운 토목기술을 보여 주고 있다. 당시의 로마는 강하면서 빨리 굳는 콘크리트를 발명

해 콜로세움이라는 거대한 원형 경기장을 건설할 수 있었다. 지금 우리가 볼 수 있는 경기장의 형태는 모두 로마의 원형경기장에서 비롯된 것이다. 로마에는 지진도 있었지만 콜로세움은 내진 설계까지 감안했다. 지진으로 인한 움직임을 흡수하게 설계하여, 2000년이 넘는 세월을 거치면서도 파괴되지 않고 남아 있는 것이다.

콜로세움은 검투사의 경기를 빠른 시간안에 입장하여 좌석에 앉아 볼 수 있도록 입구에서 번호표를 받아들고 계단을 따라 자신의 좌석으로 가도록 고안했는데, 지금도 좌석 배정과 경기장 출입 방법은 그대로 사용되고 있다. 로마의 상인들이 경기장 안을 돌면서 시원한 음료, 빵, 고기 등을 팔았는데 지금의 우리들이 경기장에서 음식을 사 먹는 것처럼 로마인들도 음식을 먹으며 검투사 경기를 즐겼다. 로마인들의 발달된 문명 서비스는 대단하다.

로마인들이 콜로세움에 몰려들었던 이유는 검투사들의 결투였다. 피비린내 나는 결투를 보며 열광했다. 결투의 목적에 맞도록 경기장 바닥에는 지하실이 있고, 복잡한 통로를 따

라 검투사의 대기실과 맹수들의 우리가 설치되어 있었다. 대기실에서 검투사들은 마지막이 될 수도 있는 결투를 기도하며 기다렸다.

결투는 잔혹했다. 검투사들은 하나의 무기를 가지고 검투사들끼리 결투를 하거나, 검투사와 사나운 맹수가 싸웠다. 맹수는 먹이를 주지 않고 굶주리게 해서 더 사납고 난폭했다. 시간이 흐르면서 특이한 경기로 열광을 하게 만들어서 흑인끼리의 싸움이나 궁수들과 맹수들의 집단 결투가 벌어지기도 했다. 나중에는 여자와 난쟁이가 싸우게 만드는 이상한 결투를 만들기도 했다고 한다.

검투사와 맹수간의 결투는 어느 한쪽이 죽어야만 경기가 끝났고, 검투사끼리는 검투사 한 명이 넘어져 일어나지 못하게 되면 관중들의 결정을 기다려야 했다. 대부분은 콜로세움의 관객들은 몹시 흥분해서 넘어진 검투사를 죽이도록 했다.

콜로세움에서 열리는 검투사들의 결투는 넘쳐나는 로마 실업자의 관심을 다른 곳으로 돌리는데 이유가 있었다. 불만을 내뱉을 대상이 없어지면 폭동이 일어날 가능성이 심해졌기 때문이다. 사람의 감정을 흥분시키는 검투사 경기를 열어서 소리를 지르며 열광하게 만들고 경기후에는 스트레스가 풀려서 불만이 사라졌고 로마의 황제들은 통치수단으로 이용했다.

로마시대에 검투사 결투로 엄청난 수의 맹수가 죽어서 로마시대 말에는 메소포타미아지방에서 사자가 사라지고, 북아프리카의 코끼리도 사라졌다는 이야기도 전해올 정도로 로마 검투사의 결투는 매우 많았다. 지금도 이탈리아 사람들은 고대 로마의 영광을 자랑스럽게 생각하고 유적 보존에 많은 노력을 기울이고 있다.

콜로세움은 72년 베스파시아누스 황제가 짓기 시작해 80년에 완공한 원형 경기장으로 5만 명의 인원이 한꺼번에 들어갈 수 있다. 검투사와 사자같은 맹수들과 싸워 이기는 잔인한 경기를 보는 경기장이다. '거대하다'라는 뜻의 콜로세움의 경기장 옆에는 콜로세오라고 하는 네로 황제의 거대한 동상이 있었다고 한다. 바깥둘레가 527m, 높이가 57m에 이르고 1층부터 도리아식, 이오니아식, 코린트식의 다른 건축 양식이 모여있는 건축물이다. 내부를 들어가면 안의 내용물을 다 볼 수 있도록 개방해 놓아 미로같은 내부의 모습을 볼 수 있도록 해 놓았다.

콜로세움 서쪽에는 기독교를 공인한 콘스탄티누스 대제가 자신의 라이벌인 막센티우스를 밀비안 전투에서 이긴 후에 세운 콘스탄티누스 개선문이 있다. 벽면에 황제의 업적과 전쟁 장면을 그려 놓았다. 당시에는 전쟁에서 이기면 개선문을 통과해 황제에게 승전을 보고했다고 하고, 파리의 개선문도 이 개선문을 본떠 지어졌다고 한다.

분수 & 트레비 분수

유럽에서는 아래로 흐르는 물의 흐름과 반대로 위로 솟는 샘물을 신성하다고 생각했다. 왜냐하면 끊임없이 솟아나는 샘물에서 영원한 생명이 가능하다고 믿었기 때문이었다. 분수는 샘물에서 힌트를 얻어 만든 장식물로 유럽에 가보면 어느 나라를 가든지 도시 곳곳에 많은 분수를 볼 수 있다. 이탈리아 로마의 트레비 분수처럼 시내 곳곳에서 볼 수 있다.

고대 그리스와 로마에서는 신이나 요정에게 하늘을 향해 도와달라는 소망의 손길로 많은 분수가 세워졌다. 이런 의미가 자연스럽게 크리스트교에 받아들여져 교회에도 분수가 설치되기 시작했지만 중세시대에는 화려한 장식을 억제했기 때문에 새로 만들어지는 분수는 많지 않았다.

중세가 끝나고 15세기경 인간 중심의 르네상스 사고방식이 싹트면서 분수에 대한 관심도 되살아났다. 이탈리아에서는 교황청의 지시에 따라 도시의 광장 곳곳에 분수가 세워졌다. 로마에서는 종교적 권위를 강화하기 위해 실용적인 기능보다 장식에 더 많은 관심을 기울였고, 로마에 화려한 뜨레비 분수가 만들어지게 되었다. 르네상스 3대거장인 레오나르도 다빈치도 분수 설계에 참여할 정도로 분수는 도시의 상징처럼 만들어졌고, 로마는 '분수의 도시'로 널리 알려지게 되었다.

뜨레비 분수

베네치아 광장에서 큰 길로 20분 정도 직진하면 콜로냐 광장이 나오고 콜로냐 광장 오른쪽으로 돌면 뜨레비 분수가 나온다. 3개라는 뜻의 뜨레비는 분수 설계 공모전에서 우승한 니콜라 살비의 작품으로 많은 인구가 있던 로마에서 풍부한 물을 공급하기 위해 분수 설계를 자주 공모하였는데 그 중 가장 아름다운 분수가 뜨레비 분수였다고 한다.

뜨레비 분수 오른쪽에 약국이 나오고 앞쪽으로 계속 걸어나가면 큰 길이 나온다. 횡단보도를 지나 버거킹을 오른쪽으로 돌아가기를 두 번 하면 스페인 광장이 나온다. 길을 못 찾았다면 옆의 행인에게 물어보자. 처음으로 스페인 광장을 가는 여행자에게는 힘들지만 로마 시민에게는 어렵지 않고 많은 관광객이 찾기 때문에 잘 알려준다. 뜨레비 분수에는 이탈리아 피자를 판매하는 가게들이 많고 맛집들이 많아서 뜨레비 분수 근처에서 저녁을 먹고 스페인 광장으로 이동한다.

5 로마에 공중목욕탕이 많은 이유

로마는 기원전 8세기경 이탈리아 중부의 작은 마을에서 시작해 1000년 이상이나 유럽의 거대한 제국을 건설한 국가였다. 로마는 단순히 땅만 넓었던 것이 아니라 지배하는 지역마다 로마만의 고유의 도시를 건설하도록 함으로써 서양 역사에 로마의 흔적을 확실하게 남겼다. 로마인들은 정복한 도시의 중앙에 광장을 마련하고, 주변에는 신전과 원형 극장, 마지막으로 수도 시설이 연결된 공중목욕탕을 건설하도록 했다.

기원전 2세기 이후부터는 반드시 공중목욕탕을 만들도록 하였다. 세월이 흐를수록 규모가 커져, 카라칼라 황제(188~217년)시대의 목욕탕은 1600명이 동시에 들어가 목욕할 수 있을 정도로 컸다고 한다. 이렇게 큰 목욕탕이 로마제국에 11개나 있었다.

당연히 공중목욕탕은 정복민을 위한 것이 아니라 로마인만을 위한 시설이었다. 로마 시민들은 아침에만 일하고 오후에는 일하지 않고 편안하게 쉬었다. 위험한 일은 노예들이 맡아서 했기 때문에 로마 시민들은 "어떻게 쉴까?"라는 행복한 고민에 빠져 지내게 되었다. 그러한 고민의 산물이 공중목욕탕이었다. 점심을 먹고 나서 공중목욕탕으로 가서 많은 사람들은 만나서 다양한 이야기를 나누면서 친분도 쌓고, 새로운 일도 만들어 냈다. 몸을 깨끗이 씻으니 더욱 건강해지고, 사람들을 만나 다양한 소식을 들을 수 있었다. 또한 로마시대에는 신생아가 3명이 태어나면 7살 이전에 1명은 죽을 정도로 위생상태가 좋지 않아 깨끗한 물로 위생을 지킬 필요도 있었다.

로마시대에 공중목욕탕이 발달한 이유가 여기에 있다. 로마의 목욕탕 사용에서 성인들은 몸의 더러움을 씻는 것보다는 육체 피로를 푸는데 중점을 두었다. 땀을 흘리는 사우나와 근육을 주무르는 마사지, 냉탕과 온탕을 오가는 목욕법은 로마인들의 목욕탕을 사용하는 핵심이었다고 한다.

런던 근교의 "바스^{Bath}"

영국 런던의 남서쪽에는 로마시대에 온천마을로 유명한 '바스^{Bath}'라는 관광지가 있다. '목욕'이라는 말의 어원이 된 곳으로 유명한 관광도시이다. 기원전 1세기경 로마인들이 만든 거대한 목욕탕은 유럽내에서도 가장 보존상태가 좋다. 내부에는 미네르바 신(지혜와 공예, 전쟁의 신)의 신전이 있는데, 당시에 온천의 효력을 신의 힘이라고 생각했기 때문이다.

로마인들은 공중 목욕탕을 많이 건설했지만 내부에 풀장까지 갖춘 곳은 바스지역의 목욕탕이 유일하다. 중세에 목욕탕이 매몰되었지만 19세기말에 다시 발견되어 보존되고 있다.

스페인 무적함대 & 영국 엘리자베스 여왕

15세기 후반 스페인을 통일한 펠리페 2세는 제국으로 스페인을 강하게 만들고 싶었다. 콜롬버스가 신대륙을 발견하고, 스페인 해군은 대서양 바다 건너에서 새로운 대륙을 발견한

후 수없이 많은 금과 은을 빼앗아 왔다. 포르투갈까지 합병하여 강력한 왕국을 만드는데 성공한 스페인은 유럽에서 '무적함대'라는 명성을 떨치기 시작했다. 그러면 스페인의 무적함대는 정말 강했을까?

펠리페 2세는 전 유럽을 정복하기 위해 처음으로 영국을 넘보기 시작했다. 당시에 영국의 왕이었던 엘리자베스 1세에게 청혼을 했지만 여왕인 엘리자베스 1세는 "이미 국가와 결혼했습니다."라고 말하며 펠리페 2세의 청혼을 거절하고, 해외의 식민지를 두고 스페인과 경쟁을 벌이면서 펠리페 2세는 기분이 나빠졌다.
스페인 상선을 집중적으로 공격한 영국의 해적 '드레이크'를 처형시켜 달라는 요구도 무시당하면서 스페인과 영국의 관계는 회복이 불가능한 상황에 이르렀다. 엘리자베스 1세는 오히려 해적 드레이크에게 기사 작위를 수여하면서 펠리페 2세의 분노는 하늘을 찌르게 되었다.

1588년 5월 펠리페 2세는 전함 130척, 대포 2000문을 장착한 함대를 편성해 영국을 공격하기로 했다. 스페인의 배는 거대하여 엄청난 돈이 들기 때문에 많은 배는 강한 국력을 상징한다. '무적함대'라는 말은 스페인 함대의 그 당당한 위용을 표현한 말이다.

스페인의 공격 소식을 듣고 영국은 급히 여러 배를 모아 함대를 조직했지만, 80척에 불과하였고 그나마 40척 정도는 크기도 작아 스페인 해군에 상대할 만한 군사력이 아니었다. 전쟁을 준비하면서 영국은 스페인과 정면으로 싸워서는 승리할 가능성이 없다고 분석했다. 영국해군은 기습공격과 멀리서 대포를 쏘는 전법을 선택했다. 영국함대는 스페인 함대가 도버 해협에 들어섰을 때 기습적으로 공격하여 허둥지둥 칼레 항구로 가도록 유도했고, 잠시 숨을 고르고 있던 스페인 함대를 밤중에 습격하여 불화살을 쏘아대면서 다시 놀라게 만들었다. 기습 공격에 당황한 스페인함대는 제대로 싸워 보지도 못하고 북쪽 바다로 도망쳤지만 사나운 폭풍을 만나 엄청난 피해를 입었다.
결국 스페인 함대는 70여 척의 배와 살아남은 선원을 데리고 9월에 스페인으로 돌아왔다. 영국에 아무런 피해를 입히지 못하고 스페인은 완전히 패배를 했다. 그에 비해 영국의 피해는 배 한척과 전사자 100명뿐 이였다.

스페인 함대가 영국 함대에 맞대응을 하지 못하고 완전히 패배를 당한 이유가 있다. 당시에 스페인 해군은 적의 배에 근접해서 갈고리를 던져 연결한 다음, 적의 배에 올라가 병사들이 맞서 싸우는 전술을 구사하였는데 영국은 성능이 좋은 대포를 개발하여 멀리서 공격한 후 작은 배를 이용해 재빠르게 도망을 친 것이다.
요컨대 '무적함대'는 전투를 잘해서가 아니라 '어마어마한 모습'에서 생긴 별명이다. 더구나 별명에 어울리지 않게 참패를 당했다. 그럼에도 불구하고 오늘날 스페인 축구팀을 무적함대라고 하는 이유는 패배에도 스페인의 무적함대라는 어감이 워낙 강하기 때문이다.

7 스페인 투우 & 론다

스페인은 유럽의 서쪽 이베리아 반도에 위치하고 있다. 고대 페니키아어에서 토끼를 뜻하는 '사판'으로부터 유래된 스페인은 스페인어로는 '에스파냐'라고 말한다. 페니키아인들이 이베리아 반도로 들어왔을 때에 토끼가 들끓고 있어 에스파냐라는 이름을 붙였다고 한다. 스페인을 '정열의 나라'라고도 부르는데, 스페인 사람들의 기질이 열정적인데서 붙은 별명이다. 특히 사나운 소와 대결하는 투우는 스페인의 문화적 상징처럼 여겨지기도 한다. 그러나 투우 경기가 스페인에만 있는 건 아니다. 포르투갈, 남부 프랑스, 멕시코에서도 투우 경기가 열리고 있다.

스페인의 투우는 소를 죽여야 경기가 끝난다는 긴장감 때문에 더 유명하다. 투우사는 무조건 소를 죽이지 않고 아슬아슬하게 피하면서 소를 놀린 뒤에 대결해야 영웅으로 대접받는다. 이렇게 스페인 사람들은 투우를 보면서 열정적인 기질을 아낌없이 드러낼 수 있기 때문에 투우를 좋아했지만 지금은 소를 잔인하게 죽이는 것이 논란이 되어 스페인에서도 투우는 없어지고 있고, 스페인 남부의 안달루시아정도만 남아있다.

론다의 투우장

누에보 다리 바로 앞에는 커다란 경기장이 있다. 이것은 스페인에서 가장 오래된 투우장으로, 호세 마르틴 데 알데우엘라가 1785년 바로크 양식으로 건설했다. 5,000명을 수용할 수 있는 돔 형태의 투우장은 그야말로 압권이다. 투우사 의상, 관련 사진과 포스터 등이 전시된 투우박물관이 그 옆에 있다.

파리의 상징, 에펠탑
& 에펠탑을 보는 5가지 방법

1889년은 프랑스 대혁명이 일어난 지 백주년이 되는 해로 만국박람회까지 열린 프랑스에서는 뜻 깊은 한해였다. 프랑스는 특별히 기념할 수 있는 기념물을 공모했다. 알다시피 에펠이 제출한 철탑이 선정되었고 1만 2천개의 쇠를 이어 붙여 조립한 300미터의 거대한 철탑이 세워졌다.

에펠탑이 세워진 초창기에 비판하는 목소리가 많았다. 특히 저런 쇳조각을 세워서 어떻게 하냐는 비판이 가장 많았다. 소설가인 모파상은 에펠탑이 보기 싫어 안 보이는 1층 식당에서 식사를 한다고 이야기했다고도 한다.

에펠탑을 보는 5가지 방법

에펠탑 인기는 높았고 특히 높은 에펠탑에서 파리의 시내를 내려다볼 수 있다는 장점이 그 당시의 파리시민들을 에펠탑으로 올라가게 만들었다고 한다.

처음에는 만국박람회가 끝나면 철거하기로 했지만 인기가 많아 파리시는 에펠탑을 그대로 두기로 했고 지금도 에펠탑은 파리의 상징이 되었다.

1. 샤이요궁에서 바라보는 해질녘부터 밤 늦게까지 보기

처음 유럽여행으로 파리에 갔다면 누구나 샤이요궁에서 에펠탑을 볼 것이다. 해질녘부터 밤 늦은 11시 넘어 레이 져쇼를 보고 지하철을 많은 관광객들과 힘들게 타고 숙소로 가던지 아니면 샤이요궁부터 에펠탑까지 걸어가면서 에펠탑을 보며 사진을 찍는 모습이 일반적인 에펠탑을 보는 모습이다. 샤이요 궁은 에펠탑을 가장 아름답게 볼 수 있는 곳이다.

2. 에펠탑 밑에서 위로 바라보기 / 탑에 올라가서 파리 시내보기

아름다운 에펠탑을 보면 올라가고 싶은 생각이 들게 한다. 샤이요 궁부터 보고 에펠탑을 밑에서부터 올라가 보기에는 시간이 촉박하기도 하니 시간을 2일에 나누어 샤이요궁에서 보고 에펠탑은 다른 날에 올라가는 게 피로가 덜하다. 올라가면 여름에도 의외로 추우니까 긴옷을 가지고 가자.

 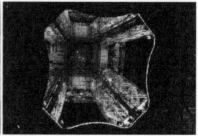

3. 해질녘에 몽빠르나스 타워 전망대에서 에펠탑 보기

파리의 남부역인 몽빠르나스역에서 내린 후 파리에서 제일 높은 빌딩인 몽빠르나스에서 볼 수도 있다. 몽빠르나스에서 보는 에펠탑은 편안히 볼 수 있는 장점이 있다. 이정도로 에펠탑을 보면 지겨울 수도 있지만 "나중에 언제 보겠니?"하고 아름다운 에펠탑을 실컷 보는 것도 좋을 것이다.

커피 한 잔을 마시면서 보는 에펠탑은 연인과 같이 본다면 더욱 좋다. 하지만 처음 파리를 방문한다면 일정이 빠듯해 못 볼 수도 있을 거 같다.

4. 개선문에서 화창한 낮에 에펠탑 보기

샹들리제 거리에 도착하면 제일 위쪽에 개선문이 보인다. 개선문을 올라가면 여기에서도 에펠탑을 볼 수 있다. 개선문은 걸어서 올라가는 데 올라갈 때 힘이 들기도 하지만 올라가면 시원하니 조금 참고 올라가자. 햇빛이 창창한 날에는 햇빛을 피할 곳이 없고 더워서 오래 있기는 힘들것이다. 해가 없는 날이 더 보기는 좋지만 사진은 잘 찍을 수 없다는 단점이 있다.

5. 라데팡스(신 개선문)에서 에펠탑 보기

신개선문인 라데팡스 위에서도 에펠탑을 볼 수 있다. 다른 장소에 비해서는 멋진 장면은 아닌 것 같다. 하지만 모든 파리의 흐름을 에펠탑에 맞추어 낭만이 흐르는 파리라는 도시를 평생 간직하게 하는 에펠탑은 꼭 가봐야 하는 파리의 필수코스인 것 같다.

9 바캉스 & 파리 플라쥬

프랑스인들은 내용을 중시하는 실용적인 사람들로 남에게 자신이 어떻게 보일까를 신경 쓰지 않고 자신의 개성을 표현하며 사는 생활을 좋아한다고 한다. 파리시민들이 멋쟁이이 기는 하지만 남들을 따라하는 유행이 아니고 자신의 개성을 살리는 수수한 옷차림이 많다. 평상시에는 매우 검소하게 생활하지만 휴가비용을 마련하기 위해 저축을 할 정도로 마음 의 여유를 가지고 살려고 노력하고 있다.

프랑스 사람들의 여유가 여름철 바캉스 휴가기간에 폭발하면서 남부해안이 바캉스를 즐 기는 사람들로 북적이게 된다. '바캉스'라는 뜻은 피서나 휴양을 가기 위한 휴가의 프랑스 어이다. 대부분 1~2개월 씩 장기 휴가를 즐기고 와 서 다시 열심히 일하며 내 년의 바캉스를 즐기는 것 이 프랑스 사람들의 일상 이다.

지금도 여름에는 남부 해 안의 니스같은 휴양지에 는 바캉스를 즐기는 프랑 스인들이 많다. 하지만 2008년 금융위기 이후에 는 많은 프랑스인들이 경 제적인 사정으로 바캉스 를 즐기지 못하게 되어 우 울해지기도 했다.

파리 플라쥬(인공해변)

세계에서 가장 아름다운 도시인 파리에는 7월에서 8월사이, 한달동안 여름마다 파리 플라쥬(파리해변)이 열린다. 올해로 15회째인데 해변으로 바캉스를 즐기지 못하는 파리 시민들을 위한 행사로, 파리를 여행간다면 이제는 꼭 인공해변에서 즐기고 와야 할 것 같다.

너무나 더운 날씨에 걷기가 힘든 파리를 가다가 시테섬 근처 인공해변에서 쉬는데 햇빛이 너무 강렬해 모래에는 조금밖에 있지 못했다. 오히려 약간 구름이 있을때가 즐기기에는 더 좋다. 하지만 현지 시민들은 구름이 낀 날씨를 좋아하지 않는다.

퐁뇌프다리에서 파리시청을 지나는 3.5㎞거리정도에 약 6,000톤의 모래와 1,500개의 비치체어, 잔디와 야자수를 만들어 놓은 인공해변이다. 수영장, 피크닉 공간, 콘서트 등등 다양하게 즐길 수 있다.

인공해변이 좋기는 하지만 인공해변을 만든 취지는 좀 서글프다. 프랑스의 경기가 좋지않아 바캉스를 가지 못하는 시민이 많아 부득이하게 세느강에 만든거라 파리의 경제가 안좋다는 사실을 알려준다고 할 수 있다. 해가 갈수록 인공해변은 더욱 화려해지고 있으니 경제가 안좋을 때 여자들의 립스틱색깔이 짙어진다는 속설과도 닮아 있다고 생각이 든다.

간단한 요기거리를 할 수 있는 카페와 스낵바도 있지만 시민들도 잘 사용하지 않는다. 파리의 인공해변이 성공하면서 유럽 내 베를린, 프라하 등의 다른 도시들도 인공해변을 선보인다고 한다. 시테섬 밑에서 인공해변을 즐기며 아이스커피를 마시고 즐겨보자.

예술의 나라, 프랑스 & 루브르박물관

독일에는 바흐, 베토벤이 유명하고 스페인은 피카소와 고야 등이 유명하다. 이탈리아에도 르네상스 3대 거장인 미켈란젤로, 레오나르도 다빈치, 라파엘로 등 수많은 예술가들이 있다. 하지만 우리는 프랑스를 예술의 나라라고 부르는 것일까? 프랑스의 문화가 더 뛰어날까? 또 프랑스의 예술가들이 다른 나라의 예술가보다 부유하게 살지도 않는다. 르노아르, 모네, 마네 등 많은 유명한 예술가들이 다 부유하게 살지는 않았다.

18세기 루이14세는 절대왕정의 최고 절정기를 누리면서 베르사유궁전을 만들고 많은 예술작품을 만들도록 명령했다. 18세기 중반에 루이15세는 퐁파두르 후작 부인을 후원하면서 미술품을 구입해 예술가를 우대하는 많은 정책을 펼치면서 프랑스를 예술의 국가로 홍보하게 되었다. 프랑스 국민들도 예술의 아름다움을 알게 되는 계기가 되었다.
지속적인 예술 우대정책을 펼치면서 지금도 프랑스는 사회적인 지위와 관계없이 예술을 사랑하고 예술가들을 위한 정책을 펼친다. 예술을 하면서 굶어죽는 경우는 만들지 않는다.

프랑스는 지폐에도 음악가 드뷔시를 모델로 했을 정도로 예술에 대한 자부심이 강하다. 이러한 노력으로 지금은 '예술의 나라'라고 부르는데 어느 누구도 반대를 이야기하지 않게 되었다.

루브르 박물관

파리에 왔는데 루부르를 안 보고 간다면 겉만 보고 가는 게 된다. 루브르는 세계적인 박물관이자 미술관이다. 그리고 반드시 미리 루부르를 공부하고 보러가는 것이 좋다. 외관만 봐도 멋지고 정원을 거닐어도 좋다.

원래 요새가 있던 이 자리에 이후 16세기에 프랑소와 1세가 궁전으로 개축했다. 프랑스 혁명 이후 1793년에 미술관으로 바뀌었다. 1981년 미테랑 대통령은 그랑 루브르 계획을 하고 대대적인 보수, 확장 공사로 1997년에 세계최대의 박물관으로 다시 태어났다. 그 때 태어난 유리 피라미드는 1981년 프랑스혁명 200주년을 기념하여 설계된 것으로 603장의 유리로 이루어져 있다.

당시에 논란이 있었지만 지금은 고풍스러움에 최첨단의 만남이 조화를 이루었다는 평가다. 지금 피라미드는 단순한 장식이 아니라 복잡한 박물관 내부를 이어주는 입구의 역할을 하고 있다. 225개의 방, 30여만점의 작품들, 이 수치만 봐도 루브르는 하루에 볼 수 없다는 걸 알 수 있다. 제대로 보려면 최소한 일주일은 걸린다고 한다.

리슐리외Richelieu, 셜리Sully, 드농Denon 3개의 전시관이 거꾸로 된 디귿자 모양으로 이루어져 있고, 전체적으로는 나폴레옹 홀, 지하층, 지상층, 1층, 2층으로 구성되어 있다. 정문은 지상에 있는 유리 피라미드이다. 하지만 지하철을 타고 온 경우에는 역과 바로 연결되어 있으니 지하철을 타고 루브르를 가는게 좋다. 맨 처음 들어오면 유리 피라미드가 있다. 너무 기뻐 사진부터 찍지말고 표를 산 후에 피라미드에서 사진을 찍고 에스컬레이터를 통해 올라가면서 관람하면 된다. 안내도는 반드시 챙기자.

Chapter 4

유럽 핵심 도보 여행

유럽의 도시 여행 방법

유럽을 처음으로 여행을 하는 여행자들은 처음에 여행을 어떻게 할지 몰라 당황하는 경우가 많다. 하지만 유럽의 도시들을 여행할 때는 대부분 도시 안에서 여행하는 패턴들이 있어 그 방법을 처음에 숙지하고 여행을 하다보면 자연스럽게 여행의 패턴이 자신도 생겨나게 된다. 유럽의 도시들을 여행하는 방법에 대해 알아보자.

1. 목적지의 기차역에 도착하면 먼저 인포메이션 센터를 찾아가는 습관을 들이는 것이 좋다. 시내 지도를 받아 이동하는 방법을 문의할 수도 있고 가끔 축제나 행사가 있을 경우 관련 정보를 얻을 수 있다.

2. 숙소를 예약하지 않은 경우 인포메이션 센터에서 YHA 등 저렴한 숙소를 물어보고, 찾아가는 방법도 문의할 수 있다. 야간 기차를 타고 다른 도시로 이동할 예정이라면 역 안에 있는 코인라커에 큰 배낭은 맡겨두고 필요한 짐만 가지고 가볍게 도시를 둘러볼 수 있다.

3. 런던, 파리같은 대도시를 제외하면 대부분 유럽의 도시들은 도보로 여행이 충분히 가능하다. 마을 중심에 있는 광장에 도착해 도시의 거리를 중심으로 볼거리들이 보이게 된다. 만약 런던같은 대도시라면 도보 여행과 지하철, 버스를 타고 관광지에 도착해 그 역을 중심으로 여행을 하게 될 것이다.

4. 시내 지도와 가이드북을 보면 찾아가는 데 어려움이 없지만 잘 모를 경우에는 주저하지 말고 지나가는 현지인에게 물어보는 것이 가장 좋다. 그러니 물어보는 것을 창피하게 생각하지 말자.

5. 유럽에서는 마트나 슈퍼가 우리나라처럼 흔하지 않으므로 물이나 간단한 먹거리는 눈에 보였다면 사 두는 것이 좋다. 아니면 숙소에 도착했을 때 가장 먼저 마트와 슈퍼를 프런트에 물어보고 들어가서 미리 물이나 필요한 물품을 사두는 것이 좋다. 우리나라처럼 늦게까지 하는 마트도 있지만 많지 않다. 같은 콜라나 물이라도 기차 안, 역전, 역 밖 등의 가격이 다 제각각이기 때문이다.

6. 너무 후미진 골목은 되도록 돌아다니는 것이 좋다. 이유없이 너무 친절을 베풀면 일단 경계를 하는 것이 좋다. 밤의 야경을 보러가는 것은 혼자보다는 숙소에서 만난 여행자들과 같이 어울려 다니는 것이 사진을 찍기도 좋고 안전하다.

유럽의 대표적인 유람선 여행

런던 | 템즈강

런던 시내 중심부를 흐르는 템즈 강을 따라 런던을 구경하는 것으로 그리니치부터 시내의 위스트 민스터 사원 옆의 선착장까지 약 30분 간격으로 출발한다. 특히 런던에서 오전에 그리니치로 나가 천문대를 구경하고 유람선을 타고 시내로 돌아오면 재미있는 하루 일정이 만들어진다.

파리 | 세느강

파리의 야경은 누구나 만끽하고 싶은 경험이다. 야경은 파리의 또 다른 낭만을 체험하고 싶다면 꼭 타보자. 세느강 유람선은 바토무슈와 파리지앵이 있지만 바토무슈가 한국어 서비스가 되어 대부분은 바토무슈를 탑승한다. 여름에는 에펠탑 레이져쇼를 보고 싶다면 8시30분정도에 탑승해서 세느강을 돌아보고 오면 에펠탑의 레이져 쇼까지 볼 수 있는 행운이 있다.

부다페스트 | 도나우강 유람선

도나우 강은 라인가오가 같은 장소에서 발원하여 오스트리아, 헝가리를 지나 발칸반도를 거쳐 흑해로 흘러간다. 독일어로는 '도나우'라고 부르지만 영어로는 '다뉴브'라고 부른다. 고풍스러운 거리를 편안히 거닐다가 도나오강 유람선을 타고 크램역에서 내리면 가장 아름다운 풍경을 볼 수 있다. 지하철 Donauinsel에서 내려 탑승할 수 있다.

네덜란드 | 암스테르담 운하

곳곳에 운하가 흐르는 암스테르담을 다양하게 구경하는 방법은 밤에 유람선을 타고 야경을 즐기거나 일행이 있다면 낮에 자전거 보트를 타고 운하를 따라 정경을 감상하는 것이다. 운하를 따라 양쪽으로 펼쳐지는 암스테르담 풍경을 감상할 수 있다.

스위스 | 취리히 호수

취리히 중앙역을 나와 앞으로 뻗은 대로인 반호프 거리를 따라 걸어가면 취리히 호수를 만날 수 있다. 기원전 8천 년 전에 생겨난 빙하를 만나게 된다. 비르클리 광장의 선착장에서는 호수를 따라 취리히의 모습을 감상할 수 있는 유람선이 운행하고 있다.

스위스 | 루체른 호수

루체른 역에서 나오면 바로 앞에 피어발트슈테너 호수가 펼쳐진다. 호수 저편으로 리기산, 필라투스산이 솟아 있고 호수가에는 고니들이 한가로이 노닐고 있다. 유람선을 타고 주변의 마을들로 떠날 수도 있고 루체른 호수이 전망도 감상할 수 있다.

United Kingdom

영국

London
런던

영국의 수도인 런던은 한때 세계의 정치, 경제, 문화 교통의 중심지였다. 면적은 서울보다 작지만 지금도 뉴욕에 못지않은 세계 최고의 도시 중 하나다. 옛날의 도시형태라 번잡하지만 옛 모습은 여행자들에겐 볼거리, 먹을거리도 많은 흥미 넘치는 곳이다.

유럽여행을 할 때 런던에서 시작하는 경우가 많다. 런던은 유럽의 첫인상을 좌우하기 때문에 런던여행계획이 중요하다. 런던에서는 런던의 상징인 빨강색 2층 버스도 타야하고 최초의 지하철인 튜브도 타야한다. 하지만 도보로 런던을 직접 느끼는 것도 좋은 런던의 여행방식이다. 런던은 3~4일 정도의 일정으로 계획을 세우는 게 좋다. 아래의 글을 읽고 순서대로 이동해 보자. 몇 년동안 똑같은 코스로 많은 분들이 체험한 코스이다.

일정
런던아이 → 빅벤 → 웨스트민스터사원
→ 트라팔가광장 → 내셔널갤러리 →
레스터스퀘어 → 코벤트가든

처음에는 웨스터민스터역에서 내려 런던아이부터 도보여행을 시작합니다. 런던아이는 런던에 대한 환상과 멋진 런던을 보는 데 아주 좋은 장소입니다. 2000년 3월, 135m의 높이로 밀레니엄 계획에 따라 만들어진 회전관람차인 런던아이는 32개의 관람차가 있고 한바퀴

를 도는데 30분정도 걸립니다. 다른 도시들이 벤치마킹할 정도로 성공한 도시의 구조물입니다. 런던아이는 디카를 반드시 준비하시고 같이 탄 이들과 멋진 장면을 같이 사진으로 찍으면서 런던의 중심부와 런던에 대한 개념을 가졌으면 좋겠습니다. 빅벤이 보이는 부분으로 자신이 나오는 사진을 찍으면 두고두고 기억에 남으실 거에요.

런던아이를 내리면 다리를 건너 빅벤을 보러 가시면 됩니다. 다리를 건널 때, 연주하는 사람도 있고 2층 버스가 지나가고 있죠. 다리에서 런던아이와 빅벤, 지나가는 2층 버스를 찍다보면 시간이 훌쩍 지나갈 겁니다. 빅벤은 들어갈 수는 없으니 근처까지 가서 사진을 찍으세요. 근처에 있는 국회의사당을 보고 있노라면 오래된 건축물에 감탄을 하게 됩니다.

국회의사당 정면에는 웨스트민스터사원이 나와요. 안에는 지금도 사용하는 성공회의 성당 내부를 볼 수 있습니다. 다른 성당에 비해서 건축물을 빼고는 유명한 그림이나 유물은 별로 없습니다.

웨스트민스터 사원을 보면 점심때가 되든지 넘어가는 시간이 되실거에요. 근처에는 먹을 장소가 없습니다. 트라팔가 광장까지 가셔야 점심을 먹을 수 있습니다. 그래서 런던아이를 보고 옆의 맥도날드에서 요기를 하고 이동하는 것도 좋은 방법입니다.

아니면 미리 먹을 것을 싸가서 사원 앞의 잔디에서 먹는 것도 좋습니다. 점심을 여기서 해결하는 것은 좋지 않고요. 레스터스퀘어 근처에 맛집들이 많이 있습니다.

웨스트민스터사원에서 너무 피곤하면 버스를 타고 트라팔가광장까지 이동하세요. 하지만 피곤하지 않으면 걸어서 이동하세요. 걷다보면 말탄 근위병을 볼 수 있습니다. 근위병과 사진 한 장 찰칵! 찍고 이동하세요. 의외로 사진이 잘 나옵니다.

트라팔가 광장은 나폴레옹의 군대를 격퇴하고 넬슨제독의 승리를 기념하기위한 광장입니다. 그래서 위의 높은 기둥위의 서 있는 동상이 넬슨제독입니다. 트라팔가광장 위에는 내셔널갤러리가 있습니다. 런던의 박물관과 미술관은 무료가 많아서 런던의 높은 물가에도 불구하고 파리나 로마보다 여행경비가 적게 사용될 수도 있습니다.

내셔널갤러리는 무료니까 좋습니다. 작품도 1,000작품이 넘는 미술품이 있으니 여행자에게는 이보다 더 반가운 곳이 어디 있겠습니까? 반드시 봐야하지만 금강산도 식후경이니 내셔널갤러리 우측으로 돌아올라가면 음식점들이 모여있는 거리에서 맛집들을 찾아서 드시면 됩니다. 들어가는 입구 우측에는 중국음식을 파는 음식점이 있는데 여기가 음식의 가격이 5파운드로 저렴합니다. 가격을 생각하시면 여기서 드시고요. 좌측위로 올라가면 피자가 맛있는 이태리음식점이 있어요.

점심을 먹었으니 다시 트라팔가광장에 내려오셔서 천천히 사진을 찍으면서 가족들과 자녀와 재미있는 포즈로 사진도 찍어보시고요. 많은 관광객들이 사자상에 올라가서 사진도 찍고 분수에서 휴식도 취하고 있습니다. 여유롭게 계단에 앉아서 휴식을 취하면 여행자의 낭만이 느껴집니다.

이제 내셔널갤러리에 들어가야 하는데 보통 이정도가 되면 매우 피곤합니다. 내셔널갤러리는 사진을 찍을 수 없어서 아예 가방에 넣어서 들어가시고 입구에 한글로 된 안내 브로셔도 있으니 받아가시고요. 기부로만 운영되니 브로셔받으실 때 작은 기부금을 내시는 센스도 필요합니다. 내셔널갤러리는 시대순으로 작품이 전시되어 있어서 시대순으로 따라가면서 보면 좋기는 하지만 1,000개정도의 미술작품을 보는 것이 쉬운 일은 아닙니다. 사전에 미술작품에 대한 정보를 알고가면 미술품을 보셨을 때 관심이 더 생기실 겁니다. 정 관심이 없다면 유명한 작품들만 보고 나오십시오.

레스터스퀘어에서는 뮤지컬표를 사는 TKTS박스도 있고 사설 뮤지컬표를 파는 곳도 많으니 보실려면 미리 표를 사 놓으면 싸게 구입이 가능합니다. 자주 반값의 표를 살 수 있는 기회가 많이 있습니다. 당일보다는 일찍 살수록 싸게 구입이 가능합니다. 저는 〈맘마미아〉, 〈라이언킹〉, 〈위키드〉를 추천합니다. 레미제라블과 오페라의 유령은 영화로는 무척 재미있지만 영어를 잘 못하면 졸기가 쉬운 뮤지컬이라서 비추천입니다.
이정도 보셨다면 숙소로 돌아가시는 것이 좋아요. 첫날부터 욕심내시면 다음 날에 엄청 피곤하시니 첫날은 자제해 주시는 센스가 필요합니다. 그래도 가야겠다면 코벤트가든에서 저녁을 드시고 가십시오. 코벤트가든에는 길거리에서 많은 쇼를 하고 노천카페에서 맛집들이 많이 있으니까요.

Theater Development Fund에서 운영하는 티켓 할인판매 부스

런던에서 3일째 정도에 도보로 다시 이동하는 코스로 런던을 여행하면 좋은 데요. 오늘은 버킹검궁전에서 시작합니다. 버킹엄궁전은 근처에 역이 없어서 빅토리아 코치스테이션에서 걸어서 오셔야 합니다. 근위병교대식은 11시 30분 정도에 시작하기 때문에 11시정도에 가시면 관광객이 많아서 자리를 잡을 수 없어서 결국 잘 못보게 됩니다.

10시 정도에는 도착해서 잘 볼 수 있는 위치를 선점하셔야 하고 런던의 날씨 특성상 비가 올 수도 있는데 근처에는 비를 피할 곳이 없으니 반드시 우산을 미리 준비하셔야 합니다. 아침 날씨가 좋다고 우산을 안 가지고 가셨다가 비를 쫄딱 맞는 불상사가 생길 수도 있으니 우산 꼭 챙기세요.

일정
버킹엄 궁전 근위병 교대식 → 세인트제임스파크 → 트라팔가광장 → 차이나타운 → 대영박물관 → 코벤트가든 → 뮤지컬관람(차이나타운에서 코벤트가든으로 이동해도 좋은 코스임)

버킹엄궁전에 도착하시면 가운데에 황금색 빅토리아 기념비가 있죠. 동상이 원으로 되어 있는데 위치는 버킹엄 궁전을 등에 지고 정면위치나 오른쪽에 위치해서 제일 앞에 있어야 합니다. 인원이 많을수록 다른 관광객이 못 들어오도록 블록으로 만들어서 잘 볼 수 있습니다. 경찰이 말을 타고 사람들을 통제하는데 교대식이 시작되면 근위병을 따라 가면서 동영상이나 사진을 찍으시면 됩니다.

통상 나오는 위치는 버킹엄 궁전을 등에 지고 오른쪽에 나있는 도로를 따라 나오지만 간혹 정면에서 시작되는 경우도 있습니다. 기다리다 보면 햇빛이 너무 강해서 그늘로 피하고 싶을때도 있습니다. 이럴때는 근처의 세인트 제임스파크에 교대로 가서 쉬다가 오시는 방법도 좋습니다.

비가 오면 근위병들이 일찍 들어가니 날씨도 확인하고 버킹엄궁전으로 가십시오. 근위병교대식이 끝이 나면 점심시간이 되어 점심을 먹어야 하는데 근처에는 먹을 장소가 없습니다. 세인트 제임스파크에서 파는 햄버거를 먹거나 미리 준비한 음식을 챙겨 드셔야 합니다.

교대식이 끝나면 빅토리아 기념비부터 트라팔가 광장까지 이어진 더몰The mall 도로로 이동하세요. 걸어서 이동하면 양쪽으로 도로의 가로수가 무성해서 그늘이 많아 걸을만합니다. 20분 정도를 걸어서 트라팔가 광장으로 들어가면 오른쪽에 테스코마트가 있어서 간단히 물이나 샌드위치를 구입해 드셔도 좋지만 점심을 드실려고 생각하지는 마세요. 점심은 레스터스퀘어에서 드시거나 첫날에 레스터스퀘어에 갔다면 차이나타운에서 드시면 됩니다. 레스터스퀘어에서 위로 2블록을 올라가면 차이나타운이 있습니다. 차이나타운에는 많은 음식점들이 있는데 우리에게는 '왕케이'가 가장 유명하죠.

왕케이는 정말 불친절하고 먹으면 바로 나가야하는 불편함이 있지만 양은 많이 주니 배가 불러 참을만 합니다. 차이나타운에는 많은 음식점들이 있으니까 천천히 둘러 보시고 아무데나 들어가서도 왕케이정도의 양은 줍니다. 다 맛은 거기서 거기라서 맛집이라고 할 곳은 없어요.

차이나타운에서 점심을 먹고 차이나타운을 둘러보시면 더럽다고 생각하실 수도 있지만 다른 나라의 차이나타운에 비해서는 매우 깨끗한 차이나타운입니다. 차이나타운에는 슈퍼, 약국, 야채가게 등이 다닥다닥 붙은 가게들이 정말 많아서 놀랍습니다. 차이나타운의 슈퍼에는 햇반, 신라면 같은 한국식품들을 살 수 있는데 대영박물관을 안 갈거라면 여기서 사시면 편합니다. 차이나타운을 둘러보셨다면 바로 이동하시기보다는 휴식을 취하고 대영박물관으로 이동하십시오.

다섯 블록 정도를 올라가야 대영박물관이 있어서 이동하는 데 힘이 많이 드실거에요. 대영
박물관으로 이동하면 파르테논 신전 모양의 입구에서 사진을 찍고 들어가세요.
무료이기 때문에 마음편히 들어가서 1층부터 관람하시면 됩니다. 지하, 1, 2층의 총 3층으
로 이루어져 있고 94개 관의 전시실을 가지고 있으며 3일정도는 봐야 자세히 보실 수 있는
큰 규모입니다. 오기 전날 관심이 있는 것들을 박물관 지도에 표시해서 보시면 시간을 절
약할 수 있습니다.

대영박물관까지 보셨다면 5시정도는 되어서 배가 엄청 고프실거에요. 밖으로 나가면 한국 식당들이 있으니 한국음식을 드실수도 있고, 슈퍼도 있어서 한국식품을 사셔도 좋습니다. 피곤하다면 저녁을 드시고 참을만하다면 7블록정도를 내려가서 코벤트가든에서 저녁을 드세요.

차이나타운에서 코벤트가든으로는 4블록정도만 이동하면 편하기 때문에 너무 피곤하시면 코벤트가든으로 바로 가는 코스도 추천해 드립니다. 대영박물관은 다른 날 가셔도 괜찮습 니다.

코벤트가든에서 시간이 남는다면 2블록을 오른쪽으로 이동하세요. 그곳에 코톨드미술관이 있는데 규모는 작지만 마네의 풀밭위의 점심식사와 고흐의 자화상들이 있는 미술관입니다. 마네의 풀밭위의 점심식사는 오르세에도 있는데 왜 여기또 있나? 의심하지는 마세요. 코톨드의 풀밭위의 점심식사는 초기에 그린 마네의 풀밭위의 점심식사라고 합니다.

코벤트가든은 17세기에 문을 처음 연 청과물시장이 있어 우리나라의 고속버스터미널 지하의 꽃시장을 연상할 수 있습니다. 들어가시면 길거리 공연도 많고 잘 정돈된 상가들에 수제 그릇이나 수제품, 중고품들을 팔고 있습니다. 우리의 남대문시장같은 곳이죠.

Cambridge
캠브리지

런던의 북동쪽으로 약 90㎞ 지점에 위치한 캠브리지는 도시의 중앙을 가로지르는 캠 강을 중심으로 오랜 역사를 자랑하는 대표적인 대학도시이다. 중세의 건물로 이루어진 대학도시는 우리나라의 대학과는 다른 고풍스러운 분위기를 느끼게 한다.

Cambridge

런던에서 근교로 여행을 갈 때 보통 옥스퍼드대학교와 캠브리지대학교를 선택하게 됩니다. 자녀와 함께 런던을 여행하게 되면 반드시 가게 되는 코스중에 하나입니다. 대한민국 부모들이 선망하는 세계적인 대학교인 옥스퍼드, 캠브리지는 학생들이 방문했을 때 공부의 목적을 가지게 되는 긍정적인 효과도 있습니다. 배낭여행으로 오게 된다면 부러워하며 여행하기도 합니다.

일정
퀸스칼리지 → 킹스칼리지 → 트리니티칼리지 → 세인트존스칼리지 → 펀팅 → 라운드교회

캠브리지와 옥스퍼드 둘 다 빅토리아역의 코치스테이션에서 출발합니다. 회사마다 출발 위치가 다르기 때문에 미리 확인하시고 타십시오. 매시간 표가 있기 때문에 아무 때나 출발해도 되지만 아침 일찍, 출발해야 여유롭게 볼 수 있습니다. 벼룩시장이 열리는 토요일이 캠브리지의 활기찬 모습을 볼 수 있으니 여행일자를 확인하시고 방문하시기 바랍니다.

약 2시간 30분 정도를 버스에 타고 캠브리지에 도착하면 넓은 잔디가 있는 크라이스트 피스공원에 내려줍니다. 크라이스트 피스공원 앞에 모든 버스가 도착하고 출발하니 위치를 꼭 확인 하십시오. 여행일자가 결정되었다면 미리 메가버스를 2~3달 전 정도에 예약하면 1파운드에도 다녀올 수 있습니다. 여행을 준비하시는 분들은 미리 인터넷으로 예약하시면 경비를 줄일 수 있습니다. 당일 코치스테이션에서 사면 성인이 12~14파운드 정도합니다.

토요일에는 벼룩시장이 열리고 일요일에는 현지인들이 공원잔디에서 운동을 합니다. 운동은 영국이니 축구나 크리킷을 하는 장면을 볼 수 있습니다. 토요일에는 벼룩시장에 많은 먹거리들과 공연도 있고 책을 파는 중고서점들도 있어 점심을 먹기도 좋고 벼룩시장구경하며 시간을 보내도 좋은 관광이 되실 겁니다. 영국이라 비가 오게 되면 주말이라도 캠브리지를 둘러보기는 힘들기 때문에 날씨도 고려하셔야 합니다.

캠브리지대학교를 둘러보려면 먼저 킹스 퍼레이드King's Parade를 찾는 것이 중요합니다. 이 길만 따라가면 퀸스칼리지부터 킹스칼리지를 거져 라운드 교회까지 갈 수가 있습니다. 처음에 지도를 보고 위치를 파악한 후 사진을 보면서 각 칼리지를 구별하셔야 합니다. 다들 칼리지를 '멋지다'라고 이야기만 하지 구별을 못하십니다. 사전에 사진으로 칼리지를 구분하도록 미리 보고 이동하도록 하십시오.
퀸스칼리지는 1448년에 헨리 6세의 왕비인 마가렛이 창립하고 후원해서 퀸스칼리지라는 이름으로 불리게 되었습니다. 퀸스칼리지는 수학의 다리가 유명한데 실제로 보면 나무다리라 실망을 많이 하십니다. 당시에는 쓰지않고 균형미와 기하학적인 원리로 구성되어 '수학의 다리'라는 이름이 붙여졌다고 합니다.

퀸스칼리지 근처에는 신기한 모양의 곤충시계가 있습니다. 이 커다란 곤충이 움직이면서 이동시키는 시계인데 신기해서 많은 관광객이 모여 있습니다. 퀸스칼리지 바로 옆에는 킹스칼리지가 예배당과 같이 붙어 있습니다. 사람들이 많이 몰려 있고 문을 지나 잔디가 있는 곳을 들어갈 수도 있습니다. 잔디 한가운데에는 헨리 6세의 동상이 서 있습니다.
킹스칼리지 근처에는 상점들이 많이 있어 근처에서 점심을 드시면 됩니다. 6개 상점에서 먹어보았지만 딱 맛집이라는 곳은 아직 찾지 못했습니다. 맛없는 상점이 있는 것도 관광객에게는 먹고서 후회할 일은 없으니 나쁘지는 않은 거 같네요.

킹스칼리지는 1441년 핸리 6세가 설립했습니다. 고딕양식으로 짓도록 명령하고, 예배당까지 아름답게 만든 이곳은 캠브리지에서 가장 유명하고 웅장한 모습을 자랑합니다. 길을 따라 이동하면 세인트존스St. Johns에 트리니티칼리지가 있습니다. 트리니티 칼리지는 1546년 핸리 8세가 설립하였고 뉴튼과 바이런이 트리니티 칼리지 출신이었다고 합니다.
트리니티 칼리지를 지나면 둥글고 고깔콘모양의 라운드교회가 나옵니다. 라운드교회에서 왼쪽으로 돌아가면 다리가 나오는데 여기에서 나무배를 타고 캠강Cam river을 따라 이동하는 펀팅을 할 수 있습니다. 날씨가 좋으면 정말 아름다운 장면을 보실 수 있으실 거에요.

Oxford
옥스포드

템즈 강의 상류로 거슬러 북서쪽 80km 지점에 위치한 영국의 대표적인 대학도시로 유명하다. 1209년 학술도시로 대학은 18세기 중반까지 시의 행정구역에서는 제외되었다. 38개의 단과대학으로 이루어진 대학도시답게 항상 관광객으로 가득하다.

Oxford

런던에서 옥스퍼드를 가는 방법에는 버스와 기차로 가는 2가지가 있습니다. 버스는 가격이 저렴한 대신에 시간이 기차보다 1시간이 더 걸리고 기차는 1시간 빠르지만 가격이 더 비쌉니다. 에딘버러를 갈 때 영국철도패스 3일권을 구입하신 분은 3일 동안 철도를 마음대로 사용할 수 있어서 옥스퍼드에 갈때도 기차를 타고 가시면 여행경비를 절약할 수 있습니다.

일정
옥스퍼드 박물관 → 칼팩스 타워 → 하이스트리트^{High Street} → 보들리안 도서관
→ 탄식의 다리 → 트리니티 칼리지 → 퀸스 칼리지 → 보타닉 가든 → 펀팅

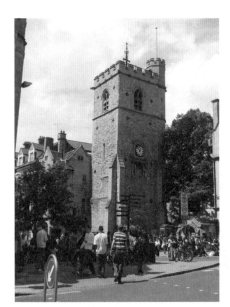

옥스퍼드는 1209년에 시작된 대학으로 오랜 역사만큼 대학의 위상도 높습니다. 캠브리지나 옥스퍼드는 둘 다 하루일정으로 다녀올 수 있는 여행지입니다.
옥스퍼드를 둘러보기 위해서는 하이스트리트^{High Street}을 찾아야 합니다. 기차역은 횡단보도를 건너 직진한 후 피자헛가게를 찾아서 가면 옆에 버스역이 있습니다. 버스역이 시작점이 된다고 생각하시면 됩니다.

버스역에서 피자헛가게를 지나 뉴로드^{New Road}를 따라 중앙도서관을 찾아 지나가면 왼쪽에 맥도날드 햄버거가 있습니다. 그 사거리에서 우측으로 돌면 옥스퍼드박물관과 크라이스트 대학이 나옵니다. 옥스퍼드에서 발견된 유물들이 주로 있습니다.
박물관을 보시고 나왔으면 본격적인 옥스

퍼드를 둘러봐야겠죠. 옥스퍼드의 여행은 먼저 칼팩스타워Carfax Tower에서 시작됩니다. 꼭 이 사진을 보시고 위치를 기억하세요. 칼팩스타워 위로 올라가시면 옥스퍼드 시내를 한눈에 보실 수 있습니다. 칼팩스타워를 나와서 하이스트리트High Street를 따라 유니버시티칼리지까지 걸어가셔야 합니다.

유니버시티칼리지를 찾으면 왼쪽으로 돌아가 원형 돔 모양의 보들리안 도서관과 탄식의 다리가 나옵니다. 옥스퍼드대학교를 상징하는 도서관입니다.

정면에는 트리니티 칼리지가 있어서 바로 확인이 가능합니다. 보들리안 도서관에서 퀸스 레인Queens Lane으로 좁은 길을 따라 들어가면 퀸스칼리지와 뉴칼리지가 있고 그 길을 따라 조금만 걸으시면 보타닉 가든과 펀팅하는 장소가 있습니다. 주말에는 주말시장이 열려서 점심도 해결할 수 있고 공연이 펼쳐지니 여행하는 맛이 납니

다.이렇게 보시면 옥스퍼드대학교를 다 봤습니다.

주말이 아니라면 많은 상점들이 도로 양 옆에 있어서 쇼핑을 하면 시간이 금방 지나갈 겁니다. 옥스퍼드에는 빈민구호 단체로 상점을 운영하면서 어려운 사람들을 도와주는 '옥스팜'이라는 가게가 있습니다.

우리나라에는 옥스팜을 벤치마킹하여 들어온 '아름다운 가게'가 있죠. 옥스팜에서 구입하면 어려운 사람들을 도와주는 거니까 하나씩 구입하시면 마음이 즐겁겠죠!

옥스퍼드대학교에는 엄청 오래된 서점인 'BLACK WELL'이 있으니 꼭 둘러보세요. 고서적도 많고 책을 보는 분위기도 아주 좋아요. 한번은 제가 갔을 때 영국 드라마를 찍고 있어서 서점을 들어가지 않고 한참 동안 드라마 찍는 장면을 보고 스태프과 이야기도 한 적이 있어요. 그리고 나서 서점을 들어갔다 나왔습니다. 블랙웰 서점은 드라마에도 많이 나오는 서점이라는 것을 그때 알게 되었습니다.

옥스퍼드 대학교를 여름에 가면 방학기간이라 관광객이 많습니다. 마을 안에 36개의 칼리지를 이루는 곳이라 칼리지를 둘러보기만 해도 보는 내내 활기찬 옥스퍼드를 느끼고 돌아올 수 있을 겁니다.

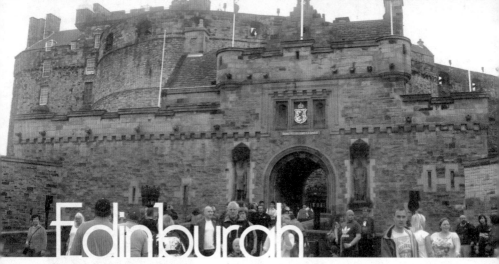

Edinburgh
에딘버러

국부론의 아담스미스, 세계 최초의 전화기를 발명한 알렉산더 그레엄 벨, 지킬박사와 하이드를 지은 로버트 루이스 스티븐슨, 가장 최근에는 유명한 영화배우 숀 코네리, 해리포터의 작가, 조앤 K. 롤링이 해리포터를 탄생시킨 도시이다. 스코틀랜드의 정치, 문화의 중심지로 유명하다.

Edinburgh

스코틀랜드의 에딘버러는 우리나라 유럽여행상품에서 빠지는 경우가 많습니다. 유레일패스가 사용되지 않고 영국철도패스를 사야하기도 하고 런던의 위쪽으로 올라갔다가 다시 런던으로 와서 브뤼셀이나 파리로 가야하는 번거로움이 있어 여행사의 배낭여행이나 자유여행상품에는 거의 없습니다.

3일동안 자유롭게 영국철도를 이용할 수 있는 영국철도패스 3일권을 구입하시면 옥스퍼드, 캠브리지, 윈저 등 런던 근교도시들을 갈때도 사용할 수 있어 여행경비를 줄일 수 있으며 에딘버러를 방문하신다면 색다른 스코틀랜드의 매력에 빠져드실 거라고 확신합니다.

일정
로열마일 거리 → 에딘버러성 → 칼튼힐 → 스콧기념탑 → 엘리펀트하우스

10시 정도의 기차를 타시면 4시간 정도를 지나면 에딘버러에 도착합니다. 에딘버러 숙소는 민박, 에딘버러 YHA를 어디나 사용해도 시설이 좋습니다. 저렴한 버스를 이용할 수도 있으나 8시간 정도가 걸리기 때문에 밤버스를 타고 에딘버러에 새벽에 도착하시면 되지만 피로가 많이 쌓이는 단점이 있습니다. 기차를 3개월 전 정도에 구입하면 저렴하게 구입할 수 있으니 기차를 사용하는 방법을 추천드립니다.

▲기차역

에딘버러는 로열마일거리에서 시작해 로열마일거리에서 끝날 정도로 에딘버러를 대표하는 거리입니다. 로열마일거리에서 에딘버러성으로 올라가는 거리를 따라 올라가면 양 옆에 어두운 흙색의 건물들이 줄지어 서 있고 사람들만 지나다닙니다.
에딘버러는 위도가 높기 때문에 여름에도 덥지않고 오후 10시 정도에 해가 집니다. 첫날에 늦게 도착해도 둘러보기에 좋은 도시입니다.

위로 올라가면 경제학의 아버지 '아담스미스' 동상이 나오고 천년도 더 된 집들이 양 옆에 늘어서 있는데 정말 멋집니다. 30분 정도를 올라가면 에딘버러성이 나옵니다. 에딘버러에서 가장 높은 곳에 성을 쌓고 외적의 침입에 맞서 싸우면서 스코틀랜드만의 전통을 지켜와서 스코틀랜드인들은 영국인들과는 다르다고 이야기하는데 에딘버러성을 들어가시면 다른 전통을 느낄 수 있으며, 에딘버러전경이 아름답게 펼쳐져 에딘버러의 매력에 푹 빠질 겁니다.

성은 밑에서부터 천천히 올라가면서 보고 돌아서 내려오면 되니 어떻게 봐야하나를 걱정하지 않으셔도 됩니다. 5인 정도가 같이 오셨다면 가족티켓을 구입하시면 좀 더 저렴하게 입장하실 수 있습니다.

에딘버러성에서 내려오시면 로열마일거리에 다시 와서 점심이나 저녁을 드시면 되는데 근처에 딱히 맛집이라는 곳은 없어서 추천해드리기는 힘드네요. 저는 Bella Itallia에서 파스타를 주로 먹는데, 이탈리아의 프랜차이즈라서 맛이 다 비슷합니다. 로열마일거리에서 휴식을 취한 이후에 칼튼 힐로 이동합니다. 아니면 헤리포터의 작가 J.K.롤링이 가난한 시절, 헤리포터를 썼다는 코끼리카페를 가도 좋지만 코끼리카페에 들어가서 쉬시면 칼튼힐을 안가게 되는 경우도 많아서 칼튼힐로 경로를 정했습니다.

칼튼힐은 에딘버러를 가장 잘 내려다
볼 수 있는 장소중, 하나로 기둥만 보
면 파르테논신전의 기둥으로 착각하
기도 합니다.
높이는 110m밖에 안되지만 에딘버러
시내를 잘 볼 수 있습니다. 로열마일
거리를 쭉 내려오면 시청이 보이고 우
측으로 돌아 횡단보도를 건너 이동하
면 칼튼힐로 가는 길이 표지판으로 표
시가 되어있습니다.
처음에는 잘 모르시는 경우가 많더라

고요. 모르신다면 길가는 분께 물어보세요. 친절히 가르쳐주니, 그 길을 따라 가면 쉽게 칼
튼힐을 찾을 수 있습니다.

언덕을 올라가면 철학자 '두갈드 스튜어트'를 기리기 위한 조그만 원형의 사원이 보이고,
올라온 길쪽으로 에딘버러 시내가 아름다운 전경이 펼쳐져 탄성을 자아냅니다. 시내를 보
시고 직진으로 더 걸어가면 그리스의 파르테논 신전처럼 기둥들이 높게 서 있습니다.
나폴레옹 전쟁에서 전사한 병사들을 추모하기 위해 만들어진 기념문입니다. 잔디가 펼쳐
져 있어 가슴이 뻥하고 뚫리는 느낌이 들어요. 날씨가 좋은 날에는 바다까지 보입니다. 칼
튼힐을 내려와야한다는 생각만으로도 아쉬울 정도로 멋진 풍경을 제공하는 장소입니다.
칼튼힐에서 시청으로 다시 가다 그대로 직진을 하시면 스콧기념탑이 왼쪽에 보입니다. 스
코틀랜드 작가 월터 스콧 경을 기리기 위해 만든탑으로 검은색 탑 아래에 흰색의 스콧 경
의 동상이 있고 61m의 탑과 계단을 따라 올라가서 시내의 전경을 볼 수 있는 전망대도 있
습니다.

에딘버러성과 칼튼힐에서 에딘버러 시내를 보셨기
때문에 올라가지 마시고 코끼리카페로 이동하세요.
코끼리 카페는 여행책자에도 나오지 않습니다. 칼
튼힐에서 내려오면 나오는 거리가 올드타운입니다.
거기서 지도를 가지고 프린스 거리Prince's St를 물어
보세요. 프린스 거리에서 가시다 보면 왼쪽에 코끼

리 카페Elephant House가 보이실 겁니다. 코끼리카페에는 커피류만 드셔도 되고 식사를 하셔
도 됩니다. 다들 코끼리 그림을 그리거나 J.K.Rolling에게 보내는 메시지를 써서 붙이거나
합니다. 저는 그냥 보기만 했어요.
커피맛이 좋지는 않지만 분위기는 좋아서 커피맛도 따라와 주는 카페같아요. 해리포터가
한참 인기가 좋을때는 정말 관광객이 많았는데 요즈음은 카페에 자리가 많이 남더라고요.
에딘버러를 여름에 여행하러 오시면 오후부터 이 코스로 이동하셔도 해가 10시나 되야 지
기 때문에 괜찮지만 코끼리 카페는 칼튼힐을 가기전에 가야 문을 닫지 않습니다. 그리고
에딘버러는 여름에도 날씨의 변덕이 심하고 추울 수 있어서 긴팔을 준비하시거나 겉옷을
가지고 도보로 여행하시고 꼭 우산은 준비해야 감기에 걸리지 않습니다.

에딘버러여행에서 좋은 점은 산행을 할 수 있다는 점입니다. 그러면 높은 산을 올라가는
것은 아닌가하는 걱정도 되시겠지만 그렇게 높지않은 산입니다. 언덕이라고 생각하시면
좀 더 편하겠네요. 그 곳은 에딘버러 시내 중앙 동쪽에 위치하고 있는 멋진 언덕이 아더왕
의 자리, 아서시트Arthur's Seat입니다.

홀리루드궁전 앞으로 가면 높은 언덕이 보입니다. 아서시트는 해발 250m의 언덕이지만 처음에 볼때는 굉장히 시간이 많이 걸려서 하루를 다 써야할 것 같은 생각이 드는데요. 걱정마십시오. 반나절이면 올라갔다 내려올 수 있는 적당한 산입니다. 암벽으로 되어 있어서 정상부분은 경사가 있어서 좀 힘들었습니다. 에딘

버러 사람들은 30분 조깅 코스로 올라 간다고 지나가는 분이 이야기하셨는데 많은 허풍이 들어간 이야기 같습니다. 대략 2시간 정도를 생각해 올라가면 정말 멋진 풍경을 보실 수 있습니다.

먼저 물을 준비하고 간단한 백팩이나 크로스백이면 됩니다. 다들 유럽까지 와서 무슨 등산을 하냐고 하시겠지만 올라가시면 생각이 달라지십니다. 에딘버러에서 올라가시면 색다른 경험이 되실 겁니다. 아더왕의 산은 올라 가다보면 왼쪽으로 홀리루드 궁이 있고 오른쪽으로는 홀리루드 공원이 있습니다. 공원의 정상은 암벽으로 되어 있고, 정상에만 절벽이 있어서 이 절벽이름이 솔즈베리 트랙Salisbury Crags이라고 하네요.

홀리루드 팍을 오른쪽으로 끼고 아더스 싯에 올라가다 보면 왼쪽에 백조의 호수가 있는데요 아주 많은 백조들이 있습니다. 이 백조들에게 식빵같은 먹을 것은 주면 사진찍기 좋은 장면을 제공해줍니다. 꼭 한 장 찍어보시고 가시면 좋습니다. 쉴수도 있구요.

이 홀리루드 공원Holyrood Park 정상에서는 에딘버러의 중심지인, 로열마일Royal Mile을 볼 수 있는데 땀을 흘린 후에 보는 멋진 풍경에 다들 감탄을 하십니다. 에딘버러는 중세의 모습을 그대로 간직하고 있어 영화의 한 장면을 직접 보고 있는 것 같았습니다. 이제 스코틀랜드 에딘버러를 여행하면 꼭 직접 올라가라고 추천하게 되네요.

에딘버러는 날씨의 변덕이 심해서 날씨가 흐리면 올라가지 마시고요. 30분을 걸으면 의외로 힘드실텐데 쉬었다가 천천히 올라가십시오. 어느정도 올라가다 보면 익숙한 시점에 쉬지않고 올라가면 속도가 나실거에요.

중간에 힘든 구간은 있지만 올라가보니 천천히 올라간다면 우리나라 산보다는 힘들지 않은 산이었습니다. 하지만 2시간 정도를 올라가서 보는 에딘버러의 전경은 너무 멋졌습니다. 급하게 올라갈려고 하면 안되고 천천히 올라가세요. 중간중간에 에딘버러 시내를 보면 에딘버러성에서 보는 시내의 모습과는 다른 에딘버러가 보입니다. 에딘버러 시내를 보는 3가지 장소는 에딘버러성, 칼튼힐, 아서시트Arthur's Seat입니다.

Germany

독일

Munich

뮌헨

독일의 도시 중에는 베를린과 함께 가장 볼만한 것이 많은 도시이다. 프랑크푸르트와 함께 경제의 중심지이기도 한 도시이다. 르네상스, 바로크, 로코코 양식의 문화유산이 남아있으며 독일에는 찾기 힘든 미술관을 보유하고 있기도 하다.

Munich

뮌헨은 동유럽을 가는 중간 기착지로 여행을 많이 합니다. 특히 여름에 배낭여행이라면 더욱 그렇죠. 뮌헨은 독일내에서 가장 큰 도시중의 하나로 독일남부의 중요한 도시중의 하나입니다. 여행을 할때는 1박 2일 정도면 다 볼 수 있는 도시로 생각하시면 일정을 잡기가 편합니다. 대부분의 저렴한 호텔은 역 근처에 많이 있어 중앙역부터 여행하는 코스를 잡아서 설명드리겠습니다.

일정
중앙역 → 칼스광장 → 노이하우저/카우핑어 거리 → 프라우엔 교회 → 마리엔 광장/신,구 시청사 → 독일 박물관 → 호프 브로이 하우스

중앙역에서 직진하여 칼스 광장으로 갑니다. 칼스문을 지나가면 뮌헨의 중심거리로 들어왔다고 생각할 수 있어요. 칼스문을 지나 나오는 거리가 노이하우저 거리와 카우핑어 거리입니다. 양쪽에 상점들이 많이 있어 쇼핑도 하면서 지나가면 좋고 저녁에 다시 올 거리이기 때문에 양 옆을 잘 보시고 지나가시기 바랍니다.

카우핑어 거리를 가다보면 앞에 큰 멋진 건물이 보이기 시작하는데 그 건물은 교회가 아니라 시청사입니다. 뮌헨을 대표하는 건물로 엽서에도 나오는 건물입니다.

마리엔 광장과 신 시청사, 프라우엔 교회, 구청사는 다 모여 있기 때문에 보이는 데로 보시면 됩니다. 칼스광장부터 마리엔 광장까지는 길지 않은 거리인데, 양 옆에는 쇼핑센터, 의류가게, 레스토랑 등 많은 상점들이 있어 들어가서 쇼핑을 하다보면 시간이 빨리 가는 번화가입니다.

신 시청사는 19세기 네오 고딕양식으로 건축된 시청사로 시청사의 시계탑에는 인형극이 펼쳐지기도 합니다. 시청사를 올라가면 뮌헨 시내를 다 볼 수 있는 전망대가 있습니다.

프라우엔 교회는 1468년에 건축이 시작되어 그 해에 쌍둥이 탑이 완성되면서 돔모양의 교회가 탄생되었습니다. 돔 모양의 교회는 흔치 않아 뮌헨을 상징하는

건물로 남아있으며 역시 전망대가 있어 뮌헨 시내를 잘 볼 수 있습니다.

마리엔 광장에 가면 점심때가 되는 시간대인데요. 성령교회 오른쪽으로 돌아가면 빅투마리엔 노천 시장이 나옵니다. 여기가 점심을 맛나게 먹을 수 있는 좋은 장소이니 기억하시고 꼭 들러보세요.

빅투마리엔 시장에서 시간이 오후 4시가 넘었다면 호프브로이 하우스로 바로 가는 게 좋고요. 시간이 3시가 안되었다면 독일 박물관을 다녀오는 것도 좋아요. 이사르 강을 지나가면 독일 박물관이 있는데, 독일 박물관까지는 5블록 정도 가야 합니다. 다른 나라의 박물관은 과학을 주제로 볼 박물관이 별로 없는데 독일은 수학 박물관부터 과학을 주제로 한 박물관이 많이 있습니다. 과학을 중요시하는 독일의 풍토를 알 수 있어서 독일박물관은 꼭 추천 드립니다.

독일박물관을 둘러보면 2시간 정도 소요됩니다. 독일 박물관을 나왔을 때 너무 배가 고프다면 앞에 중국 음식을 파는 곳이 있어요. 거기에서 드시면 저렴하게 한끼를 채울 수 있을 겁니다.

이제 마지막으로 호프브로이 하우스를 가야해요. 뮌헨은 호프 보르이 하우스에서 맥주를 마실려고 오는 관광객이 많을 정도로 인기가 많습니다. 독일박물관에서 다시 이사르문으로 돌아가면 구청사쪽으로 가지 마시고 마리엔 스트리트를 따라 가면 호프 브로이 하우스를 갈 수 있습니다.

매우 큰 술집이라서 마음 먹고 드실 생각으로 가셔야 하고 많은 나라의 관광객들이 술을 통해서 친해지는 장소입니다. 호프 브로이에서 드시다 보면 밤늦은 시간까지 있는 경우가 많아 다음 날에 지장이 없는 정도만 드시는 것이 좋습니다.

Fussen
퓌센

로맨틱 가도의 마지막 지점인 이 작은 마을이 유명한 이유는 유럽 최고의 고성인 노이슈반 슈타인 성 때문이다. 디즈니랜드의 '판타지랜드'에 영감을 준 것으로 유명하다.

Fussen

뮌헨에서는 도시를 둘러보면 1일 정도면 다 볼 수 있기 때문에 근교를 가려고 하는데 이때 대부분의 여행자가 가는 곳이 퓌센입니다. 퓌센을 가는 이유는 세계에서 가장 아름다운 성 중의 하나인 노이슈반슈타인 성을 보러 가기 위함입니다. 앞프스기슭에 자리잡고 주변의 호수와 어우러져 멋진 절경을 관광객들에게 제공해 줍니다.

일정
뮌헨 중앙역(07:51) → 퓌센역 → 버스정류장(3.5유로) → 매표소 → 마차(올라갈 때 6유로), 성 미니버스(2유로) → 노이슈반슈타인 성(13유로, 학생 8.5유로, 18세이하 무료)

뮌헨에서 퓌센까지는 약 2시간 정도 걸립니다. 보통 전날에 호프브이에서 맥주를 마시기 때문에 다음날에 퓌센을 갈 때 늦게 일어나서 가려고 하는데 그러면 오실 때 문제가 생기기 쉽습니다. 유레일패스가 있으면 무료도 탈 수 있습니다. 기차는 1시간에 한 대씩 있으니까 시간대별로 고르시면 됩니다. 퓌센을 갈 때 저는 머리도 못감고 일어나서 정말 아슬아슬하게 07:51분 퓌센행 열차를 탔습니다. 갈때도 전날의 술 때문에 고생을 하긴 했어도 열

차에서 잠을 잤기 때문에 성을 볼때는 다시 쌩쌩해졌죠. 오전 7~8시간대에 타시는 것을 적극 추천해 드립니다. 늦으면 많은 관광객들로 인해 다리에서 성 사진을 찍을때도 문제가 됩니다.

퓌센역을 내리면 버스정류장이 있는데, 2번 버스정류장에서 타시고 10분 정도를 가면 도착합니다. 이 성은 특이한게 성의 입구에 매표소가 있는게 아니고 산 아래에 매표소가 있어요. 성 내부를 보면서 영어가이드 투어를 하는데에 13유로가격인데 영어를 알아듣기 힘드시면 안 보셔도 됩니다. 개인적인 취향이긴 하지만 성의 내부는 현대식으로 되어 있어 성의 아름다운 외부를 보다가 안을 보면 실망을 많이 하십니다.

도보로 노이슈반슈타인성을 올라가는 것은 30분정도 올라가는데 저는 마차를 타고 올라가 보라고 추천해드려요. 특히 여름에 가셨다면 마차를 타고 올라가면 힘이 많이 비축이 되거든요. 매표소옆의 뮐러호텔 앞에서 타면 성 입구까지 올라가는데 속도는 걷는 것보다 약간 빠른 정도입니다. 친구들이나 가족끼리 성을 보러오셨다면 색다른 경험을 드릴거에요. 비싸긴 하지만 재미가 있습니다.
미니버스는 리슬호텔 옆에 정류장이 있으니 타고 올라가시면 되는데 우리나라 배낭여행객들은 걸어서 많이 올라가십니다. 성에 올라가면 노이슈반타인 성의 사진을 찍기 위해 성 왼쪽으로 난 길을 따라가 마리엔다리에 가서 성을 바라보세요. 정말 탄성이 나오는 아름다운 성의 모습이죠. 다들 사진을 찍으며 즐거운 시간을 보내고 성 내부로 들어가셔서 30분 정도 영어가이드의 설명을 따라 들으며 투어를 끝내고 나오세요.

노이슈반슈타인 성은 '백조의 성'이라는 뜻인데 바이에른 왕국의 루드비히 2세가 음악가인 바그너를 돕던 중에 그의 오페라 '로엔그린'중의 백조의 전설에서 영감을 얻어 이름을 짓고 백조의 모양을 형상화해서 만들었다고 합니다. 성은 17년만에 완공이 되었는데 루드비

히 2세는 3개월 후에 의문의 죽음을 당해 3개월만 이 성에서 거주했다고 합니다.
백조의 성을 보다보면 옆에 호엔슈방가우 성을 볼 수 있는데 루드비히 2세의 아버지인 막시밀리안 2세가 고딕양식으로 만든 성입니다. 호엔슈방가우 성을 보러 가는 것도 좋은 방법이에요. 마리엔다리 위에서 노이슈반슈타인 성을 보았다면 호엔슈바가우 성에서는 밑에서 위로 보는 백조의 성의 모습을 볼 수 있는데 이 절경도 정말 아름답습니다.

다 보시고 나면 같은 방법으로 퓌센역을 가는 버스를 타고 10분 정도 가시면 되는데 오후 4시 5분, 5시 6분, 6시 5분열차를 타셔야 합니다. 하지만 오전에 일찍 오시면 4시 5분 기차를 타고 돌아가셔서 못 다한 쇼핑이나 시내구경을 하는 편이 시간을 잘 사용하시는 거라고 생각해요. 전날에 피곤하셨다면 숙소로 돌아가셔서 쉬는 것도 좋은 방법이고요.

Fussen
프랑크푸르트

독일의 수도는 베를린이지만 상공업 중심지는 프랑크푸르트다. 교통이 매우 발달해 있는 사통팔달의 요충지이다. 하지만 여행자들에게는 옛스러운 모습이 없어 인기가 없는 도시기도 하다. 직업을 가지게 된다면 친근한 도시가 될 수도 있다. 매년 많은 박람회가 열리기 때문이다. 또한 은행(ECB) 및 독일연방은행이 위치해 있으며 독일에서 영업하는 외국은행의 3/4이 이곳에 위치해 있다.

Frankfurt

프랑크푸르트는 독일 최대의 상공업도시로서 독일내의 교통요충지라서 프랑크푸르트를 매우 큰 도시로 생각하는 분들이 많으신데 여행할 때는 작은 도시로 생각하시면 됩니다. 그래서 프랑크푸르트는 역에서 가까운 호텔을 잡는 것이 중요합니다.

간혹 여행사에서 호텔을 외곽의 시설이 좋은데로 정하면 쓸데없이 교통비만 나가게 됩니다. 프랑크푸르트역에서 1블럭을 지나면 근처에 호텔이 많아서 좋은 시설보다는 위치로 호텔을 정하시는 것이 여행경비도 아끼는 것이 됩니다. 또한 프랑크푸르트공항을 가려고 해도 역을 이용해야 하기 때문에 반드시 숙소는 역에서 가까운 편이 좋습니다.

일정
괴테광장 → 괴테하우스 → 뢰머광장 → 파울교회 → 대성당 → 현대미술관 → 자일거리

역에서 나와 횡단보도를 건너, 직진을 해서 6블럭 정도를 가면 괴테광장이 나옵니다. 괴테하우스는 다른 곳이니 착각하지는 마시고요. 괴테광장에는 여름에 시장이 펼쳐집니다. 독일의 소세지부터 프랑크푸르트의 유명한 사과와인인 아페바인도 이 곳에서 마실 수 있습니다. 직접 사과를 갈아서 만드는 과정을 보면서 먹을 수 있어 더욱 신뢰가 갑니다.

괴테광장에서 오른쪽으로 돌아가면 괴테하우스가 나옵니다. 독일이 자랑하는 세계적인 문호 괴테가 젊은 시절까지 지냈던 집이 지금은 괴테박물관이 되었습니다. 젊은 베르테르의 슬픔과 파우스트를 여기에서 영감을 받아 썼다고 합니다. 이 박물관은 당시 살던 모습 그대로 보존되어 있습니다.

괴테하우스에서 왼쪽으로 돌아 브라우바흐^{Braubach} street를 찾으면 이 거리를 따라 위로 쭉 올라세요. 장크트파울교회가 나옵니다. 파울교회를 끼고 오른쪽으로 돌면 뢰머 광장이 나옵니다. 프랑크푸르트 도시를 나타내는 여행책자는 거의 다 뢰머광장의 사진이나와 있어서 광장에 가시면 쉽게 알 수 있습니다. 주말에는 결

혼식도 많이 열리기 때문에 피로연같은 장면도 볼 수도 있으니 주말에 가 보시면 색다른 경험을 하실 수 있습니다.

뢰머광장에는 기념품가게도 많아서 1시간 정도 소요됩니다. 때문에 점심도 근처에서 드시는 게 나중에 배고프지 않습니다. 프랑크푸르트의 기념품들은 광장근처의 기념품가게에서 사야 하기 때문에 넉넉히 시간을 두고 쇼핑을 하십시오.

뢰머광장 근처에는 모차르트 카페가 있는데 케이크가 맛있어 점심을 먹기에 좋고, 다른 세련된 음식점들이 많이 있으니 점심을 해결하고 이동하는 편이 좋습니다. 뢰머광장을 보고 대성당으로 이동하면 됩니다. 가끔 파울교회와 대성당을 착각하시는 경우가 있는데 파울교회는 주황색이고 대성당은 흙갈색입니다.

대성당은 신성로마제국의 황제들이 대관식을 거행하던 곳으로 고딕식의 탑에 오르면 시내를 한눈에 볼 수 있습니다. 성당내부에는 십자가에 달린 예수와 목조성가대를 볼 수 있고 입장료는 없습니다.
대성당까지 보면 프랑크푸르트의 70%정도는 다 본거에요. 대성당에서 현대미술관을 거쳐 클라인 마르크트 홀을 찾아 그 거리로 들어가면 자일거리를 찾을 수 있을거에요. 가다보면 배가 고프고 저녁먹을 시간이 될 겁니다.

자일거리가는 중간에 'Heininger'라는 독일식 소세지와 음식을 파는 곳이 있는데 여기가 맛
집입니다.
맛좋은 음식들이 많이 있어서 물어보고 드시면 아무거나 다 맛있을 겁니다. 'Heininger' 왼
쪽으로 조금 더 가면 우리나라에서 많이 팔리는 쌍둥이칼을 50%정도 할인해서 파는 가게
가 있으니 들려보셔도 좋을 거 같습니다.
지금부터는 자일거리로 이동해서 쇼핑을 하시면 됩니다. 자일거리가 프랑크푸르트의 번화
가로 모든 유명 브랜드 가게는 이곳에 다 몰려 있습니다.

Heidelberg
하이델베르그

독일에서 가장 오래된 대학이 있는 대학 도시이다. 인구는 10만명이 조금 넘지만 대학생 수만 2만 7천명 정도나 된다니 대학 도시라는 이름이 딱 어울린다. 하지만 도시의 모습은 중세의 도시 같은 생각이 든다. 폐허가 되버린 고성에 가면 한가롭게 있는 양들이 있고 양치기도 있다.

옛 독일의 모습이 남아있는 '구시가'와 유유히 흐르고 있는 '네카 강'은 이 작은 도시를 여러분의 기억에 오래도록 남게 할 것이다. 많은 시인들로부터 받은 도시를 천천히 돌아보자.

Heidelberg

하이델베레그는 뮌헨과 프랑크푸르트에서 갈 수 있다. 뮌헨보다는 프랑크푸르트가 기차가 더 많아서 쉽게 갈 수 있다. 프랑크푸르트 역에서는 매시간 기차가 다니기 때문에 시간에 관계없이 가도 좋다. 아침 일찍 가서 철학자의 길까지 가면 좋지만 너무 피곤해서 아침 일찍 가기가 힘들다면 오후에 출발해서 하이델베르그 성까지만 보고 와도 된다.

성은 여름에는 저녁 6시까지 입장(겨울에는 17:00까지 입장)할 수 있는데 운이 좋으면 1시간 전 정도에는 입장료 없이 들어갈 수도 있다.

일정

프랑크푸르트역 → 하이델베르그역 → 도보 / 버스정류장(2.5유로) → 비스마르크광장 → 하우프트 거리(구대학, 학생감옥) → 하이델베르그 성(7유로, 학생 5유로) → 구다리 → 하이델베르그역

프랑크푸르트역에서 당일날 가는 기차를 타도 되지만 전날에는 표를 구입하는 편이 시간을 알 수 있어서 전날 구입하기를 추천합니다. 완행일때는 2시간 정도를 가야 도착할 수 있고 직행일때는 50분 정도면 도착할 수 있습니다. 하이델베르그역에 도착하면 왼쪽으로 돌아 입구로 나가세요. 많은 대학생들을 보면서 대학도시라는 것을 실감할 수 있습니다. 도착하시면 왼쪽 매표소 앞에 자전거가 많이 주차되어 있는 곳이 정문이고 왼쪽으로 돌면 트램을 타는 곳이 있습니다.

1번을 타시면 비스마르크 광장까지 갈 수 있지만 저는 도보로 이동하는 것을 추천드립니다. 20분 정도 걸어가면 비스마르크 광장에 도착하는데요. 맥도날드 햄버거가 있는 곳으로 가서 횡단보도를 건너 직진하면 인적이 드물지만 계속 직진하다가 사거리가 나옵니다. 왼쪽으로 돌아 걷다보면 다시 맥도날드햄버거가 나오면 비스마르크 광장에 거의 다 온거니 조금만 힘을 내십시오.

비스마르크 광장에서는 다리가 아플텐데 일단 가게에서 물을 사고 이동합니다. 비스마르크광장에는 많은 공연을 하고 있어서 쉬기에도 좋습니다. 비스마르크 광장에서 위쪽에 관광객이 많이 걷는 거리가 하우프트 거리입니다.

하우프트거리 왼쪽에 선제후박물관이 있는데 그냥 지나쳐도 무방합니다. 계속 걷다보면 한국식당이 있고 식당 오른쪽으로 돌면 학생감옥의 입구인 회색대문이 있는데, 벨을 누르면 문을 열어줍니다. 학생들의 폭력이나 술사고를 친 학생들을 처벌하기 위해 만든 감옥입니다. 안으로 들어가셔도 많은 볼거리는 없습니다.

학생감옥 오른쪽이 대학광장으로 앞이 신대학입니다. 학생감옥이 있는 건물이 구대학으로 독일에서 가장 오래된 대학이라고 합니다. 이 대학은 19세기부터 노벨상 수상자를 배출하면서 유명해졌다고 하네요.

대학광장에 있다보면 다리가 아프고 힘도 들어서 앞쪽에 있는 커피숍에 들어가 당분이 들어간 음료를 마시고 쉬신 후에 계속 이동하는 것이 좋습니다. 앞쪽에는 빵과 음료를 파는 가게들이 많이 있으니 잘 골라보시면 맛나는 빵도 드실 수 있어요. 휴식을 취한 후에 계속 따라 걸으면 다시 작은 코튼 마르트 광장이 나와요. 이 옆에는 성령교회가 있을겁니다. 주말에는 벼룩시장도 열려서 주말에 하이델베르그로 오면 보실 것들이 많이 있습니다. 광장 중앙에는 동상이 있는데 동상과 뒤의 성을 배경으로 사진을 찍으면 멋진 사진이 나옵니다.

이제부터 성을 올라갈건데 올라가다 보면 한글로 된 면세점이라는 간판을 보실거에요. 10분정도 가파른 오르막 길을 올라가면 하이델베르그 성의 입구에 도달합니다. 7유로의 입장료를 내고 들어가면 하이델베르그 성을 둘러볼 수 있는데요. 13세기에 지어진 성이라는 느낌이 외부에서 느껴지지만 이 성은 그리스교와 카톨릭교간의 계속된 전쟁으로 파괴와 복구를 반복하다가 프랑스와의 팔츠계승전쟁으로 다시 파괴된 후 지금의 모습이 되었고 내부는 2차 세계대전 이후에 정비가 되었습니다.

성에서는 칼 테오도르 다리를 보는 전경이 펼쳐지는 곳이 가장 인기가 좋습니다. 이곳은 사진을 가장 많이 찍는 포토존으로 여행책자에 나온 장

면은 다 여기서 찍은 겁니다. 관광객들을 따라 올라가면 15분 정도 후에 도착하기 때문에 못 찾을 일은 없을 거예요.

성을 다 보고나서는 성령교회쪽으로 가시면 교회와 시청건물 사이에 노천카페가 있습니다. 카페 옆길을 따라 강으로 가면 칼 테오도르다리(구다리)가 나옵니다. 이 다리는 위에서 볼때와 아래에서 볼때는 느낌이 많이 다르기 때문에 직접 보시길 추천드립니다.

다시 노천카페에서 쉬다가 성령교회로 가서 되돌아 온 비스마르크 광장을 되돌아가면 역에 도착할 수 있습니다. 되돌아갈 때를 대비해서 시간을 미리 알아서 오셔야 합니다. 물론 표를 구입하려면 시간을 정해야 하지만 늦게 역으로 도착할때를 대비해서 반드시 시간을 확인하셔야 합니다.

막차는 7시전에 끊기기 때문에 아무리 늦더라도 6시 정도에는 돌아오셔야 합니다. 전체를 다 돌아다녀도 4시간 정도면 충분한 도시이기 때문에 트램을 타지 않아도 둘러볼 수 있는 곳이 하이델베르그입니다.

Austria

오스트리아

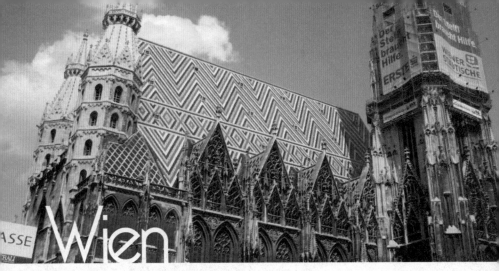

Wien

빈

독일의 도시 중에는 베를린과 함께 가장 볼만한 것이 많은 도시이다. 프랑크푸르트와 함께 경제의 중심지이기도 한 도시이다. 르네상스, 바로크, 로코코 양식의 문화유산이 남아있으며 독일에는 찾기 힘든 미술관을 보유하고 있기도 하다.

Wien

빈을 여행할때는 반지모양으로 생긴 '링'이라는 도로의 개념을 이해해야 합니다. 옛날에 시가지 방어를 위해 동그랗게 성벽을 둘러쌓았는데 지금도 도시가 동그란 모양 그대로 형성되어 있습니다. 도시를 순환하는 트램도 동그란 모양을 따라 운행을 합니다. 빈의 상징인 슈테판 성당으로 이동해 빈 도보 여행을 시작합니다.

일정
성슈테판 사원 → 게른트너 거리 → 국립 오페라 극장 → 자연사 / 미술사 박물관 → 시청사

슈테판 성당은 오스트리아 최고의 고딕식 성당으로 빈 여행에서 빼 놓을 수 없는 곳입니다. 12세기에 로마네스크 양식으로 지어지다가 14세기에 고딕식 양식으로 바뀌면서 지금의

모습을 갖추었고 16세기에는 북탑이 르네상스 양식으로 지어져 하나의 성당에 두 개의 양식이 섞여 있는 구조입니다. 슈테판 성당은 성당을 보러가기에도 좋지만 게른트너 거리와 이어지기 때문에 빈 여행을 여기서부터 시작해야 합니다.

성당 정면의 기념비 뒷쪽으로 쇼핑거리인 '그라벤'이 있고 성당 왼쪽으로 돌아가면 번화가

인 게른트너 거리가 있어서 구분하셔야 합니다. 슈테판 성당의 근처에도 거리의 예술가가 많지만 게른트너 거리에 많은 거리예술가들이 나와 있고, 음악의 도시답게 컨서트 티켓을 판매하는 중세복장의 티켓판매원들도 상당히 많습니다.

게른트너 거리는 빈의 최대 번화가로 아침부터 상당히 많은 사람들이 지나가고 있습니다. 보행자 전용도로이기 때문에 더욱 많은 행인들이

돌아다니며 여름에는 많은 관광객들이 쇼핑을 하고 있어서 먹거리도 상당히 많습니다. 또한 클림트의 그림을 가지고 만든 쟁반, 그릇, 잔들이 판매되고 있어요. 벨베데레 궁 2층에 클림트의 '키스'가 전시되어 있기 때문인 것 같습니다.

점심을 이 거리에서 드실 생각을 하고 바쁘게 지나가는 사람들을 보며 커피 한잔의 여유를 가지는 건 어떨까요? 쇼핑과 점심식사까지 하면 딱 1시정도까지 시간이 지나갑니다. 게른트너 거리의 끝에는 세계 3대 오페라 극장중의 하나인 국립 오페라 극장이 웅장한 모습을 하고 있습니다.

세계적인 빈 필하모닉 오케스트라가 국립 오페라 극장에서 연주하는 곳이기도 하답니다. 빈을 여행하다보면 모차르트, 베토벤, 요한 슈트라우스 등의 동상이 있으니 이 동상을 찾는 것도 하나의 재미가 됩니다.

국립오페라 극장을 오른쪽으로 돌아가면 왕궁정원, 미술사박물관, 자연사박물관, 헬덴광장, 시민정원까지 아름다운 정원들과 건축물이 늘어서 있습니다. 이 곳을 구경하는데에도

족히 3시간은 걸리니 오후 정도의 시간을 비워놓고 관람을 하세요. 여름에는 매우 더운 오후시간을 미술관과 박물관에서 시원하게 관람할 수 있는 장점이 있습니다.

17~18세기 오스트리아의 합스부르크 왕가는 강력한 제국의 힘을 바탕으로 미술 수집품들을 한 곳에 모아놓기 위해 빈에 미술사 박물관을 만들어 이집트, 그리스, 로마, 르네상스 시대의 회화 및 수집품을 모아 놓았습니다. 외부도 화려하지만 내부도 매우 많은 미술품이 있는데, 특히 합스부르크 왕가의 궁정화가였던 루벤스의 작품들이 많습니다.

저녁이 되면 시청사로 이동하세요. 여름에 오스트리아를 가시면 특히 시청사에서 하는 필름 페스티벌이 빈 여행에서 축제의 밤을 즐기게 해 드립니다. 여름에는 국립오페라 극장의 오페라 상연이 없기 때문에 시청사 앞에 대형 스크린을 설치하고 무료로 오페라를 상영하고 각국의 술과 간이 식당들이 가득 들어차 있습니다. 이곳에서 저녁을 드시면서 유럽여행의 분위기를 잡아보세요.

Switzerland

스위스

Zurich

취리히

취리히호(湖)의 북안에서 흘러나오는 리마트강(江)과 그 지류인 질강 연안에 위치한다. 스위스 제일의 도시이며, 도로와 철도의 결절점에 해당하여 각 방면으로 직통열차가 발착한다. 또 도심에서 11km 북쪽에 있는 클로텐 비행장은 스위스 최대의 공항으로 세계 각지와 이어져 있다.

Zurich

스위스의 취리히는 큰 도시이지만 여행을 하는 여행객의 입장에서는 반나절정도면 돌아다 닐 수 있는 도시입니다. 그래서 도보로도 여행할 수 있는 정도의 도시라 시내교통을 사용할 필요가 없습니다. 굳이 이용한다면 트램을 타면서 여행의 낭만을 느끼는 것은 권합니다.

일정
중앙역 → 반호프 거리 → 렌베그 거리, 린덴 호프 → 시청 → 그로스 뮌스터 → 바서교회 → 벨뷰 광장 → 취리히 호수

배낭여행으로 취리히를 도착하면 야간 기차로 도착하는 경우가 많아 매우 피곤합니다. 유럽여행에서 아침 일찍, 도시에 도착하면 아침을 먹기도 힘들 때가 많은데 그때에는 맥도날드같은 햄버거집을 찾아서 쉬는 것이 가장 편한 방법인것 같습니다.

취리히도 중앙역을 나오면 왼쪽이나 반호프거리의 페스탈로치 동상옆에 맥도날드가 있으니 아침겸 쉬는 시간을 가져보세요.

중앙역 앞에 있는 큰 광장이 나오면 횡단보도를 건너면 앞에 큰 도로가 반 호프거리입니다. 이 도로의 양옆에 백화점과 기념품 상가들이 많이 있어요. 하지만 아침 일찍이라 횡한 거리만 보게 될 겁니다. 그렇지만 도시를 보고 오시면 분주하게 지나가는 시민들을 보실 수 있는 번화가입니다.

걷다가 왼쪽에 조그만 공원에 동상이 하나 있는데 교육의 아버지라고 불리우는 페스탈로치 동상입니다. 페스탈로치 동상에서 중앙으로 발리매장이 나오면 왼쪽으로 렌베그거리로 들어가세요.

포르투나$^{Fortuna\ Gasse}$ 골목을 따라 올라가시면 오른쪽에 돌담이 예쁜 조그만 공원이 나옵니다. 아침에는 체조를 즐기는 시민들을 보실 수도 있는데요.

이 곳이 취리히를 대표하는 공원 '린덴호프'입니다. 기원전 107년 로마인이 취리히에 정착한 후 세관을 세우면서 취리히도시가 시작이 된 기원이 되는 공원이니 '호프'라는 단어로만 생각하시면 안됩니다. 그로스 뮌스터, 취리히 호수 시청건물들을 볼 수 있습니다. 밝은 날 아침에 사진을 찍으면 취리히 시내가 잘 나오는 사진을 담을 수 있습니다.

린덴호프 공원을 가로질러 내려가면 좁은 골목을 지나가게 됩니다. 이 골목에 아기자기한 매장이 있는 분위기 있는 카페들이 많이 있으니 아침을 먹으면서 분위기를 내기에도 좋은 골목입니다. 린덴호프부터 프라우뮌스터까지 골목들이 있는 이 곳을 '구시가지'라고 부릅니다. 골목옆에 있는 가게의 작은 물건들이 정말 깜찍한 분위기를 연출합니다.

골목 끝으로 나오면 바인광장이 나오고 강가가 보입니다. 다리가 나오는데 이 다리가 시청다리인 라트하우스다리입니다. 다리를 지나면 시청사를 볼 수 있고요. 시청사 오른쪽 근처에는 취리히의 상징 "그로스 뮌스터"를 볼 수 있고, 그로스뮌스터 앞의 광장에서 다리 왼쪽의 조그만 교회와 우리 교과서에도 나오는 스위스 종교개혁의 상징인 "츠빙글리" 동상을 만나게 됩니다.

뮌스터 다리를 건너면 앞에 뾰족한 탑을 가진 특이한 프라우 뮌스터를 보게 되죠. 그로스뮌스터는 로마네스크방식으로 약간 둥글고 높은 탑으로 되어 있고, 프라우뮌스터는 정말 높고 길다란 뾰족하게 나온 첨탑으로 되어 있으니 구별해 주세요. 그로스 뮌스터는 츠빙글리가 종교개혁을 시작한 곳이기 때문에 역사적으로도 중요한 장소입니다.

야간열차로 도착해 오전에 걸어다니다 보면 정말 피곤합니다. 그럴때는 잠시 근처에 있는 상점에서 빵과 커피로 아침을 먹으면서 쉬다보면 분주히 지나가는 시민들을 보고 여행자의 여유를 느낄 수 있으실 거에요. 프라우 뮌스터에서 강을 따라가면 취리히 호수가 나오는데 아침햇살에 비치는 호수의 풍경들은 정말 장관입니다. 여행의 피로를 풀어주는 마법 같은 호수입니다.
돌아오실때에는 그로스 뮌스터쪽으로 가면 시청사가 있죠. 니더도르프 거리를 가시면 10시를 넘어서부터 활기를 띠게 됩니다. 또한 스위스 공과대학을 가면 예쁜 정원들이 있는 대학을 보실 수도 있습니다.

Italy

이탈리아

Venezia
베네치아

'물의 도시' 베네치아, 120개 이상의 섬과 400개 이상의 다리로 이루어진 베네치아는 중세 지중해 무역의 중심지로 번영을 누렸던 해양 왕국이었다. 산 마르코 광장과 리도 섬의 푸른 아드리아 해는 너무 아름다워 평생 기억에 남는 관광지이다.

Zurich

이탈리아 북부에는 밀라노와 베네치아가 위치하는데 베네치아로 야간열차를 타고 들어가는 경우가 많습니다. 베네치아는 섬으로서 내륙과 산타 루치아 역이 있는 섬으로 구분되어 있습니다. 반드시 기차를 타실 때 내리는 역의 위치가 산타 루치아역인지 확인하셔야 고생을 하지 않습니다.

오랜 배낭여행에서는 베네치아에서 잠을 자지 않고 하루 동안만 베네치아를 둘러보고 다시 야간기차로 이동하는 여행 일정이 많아 역 바깥, 오른쪽 끝에 짐 보관소가 있습니다. 유료인 짐 보관소는 성수기인 경우에는 보관하지 못할정도로 짐을 많이 맡기기 때문에 문을 닫는 경우도 생깁니다.

일정

까도르 → 리알토 다리 → 산 마르코 광장, 두칼레 궁전 → 아카데미아 미술관

섬 안에는 운하로 만들어진 도시이기 때문에 자동차가 없고 배를 이용한 '바포레토'라는 교통수단만 있습니다. 까도르까지는 바포레토를 타고 이동하고 리도섬도 이용을 해야 해서 1일권을 사서 이용하는 편이 교통비를 아끼는 방법입니다.
곤돌라는 리알토다리가 있는 곳에서 관광용으로 이용하는 경우가 많은데 여름에는 햇빛이 매우 강해 낮에는 곤돌라를 타지 말고 해질녁에 타면 해지는 베네치아를 보실 수 있습니다. 산타 루치아 역에서 수상버스를 탈 때 다시 돌아와야 하니 정류장의 이름을 알고 계셔야 합니다. 같은 산타 루치아가 아니고 페로비아^{Ferrovia}입니다. 그러니 돌아올때는 퍼 베로비아^{PER Ferrovia}행을 타셔야 합니다.

수상버스를 타고 첫 번째 정류장에서 내리면 이 곳이 까도르인데, 까도르는 외벽을 금으로 장식해 놓은 곳으로 1420년 고딕양식으로 지어진 귀족주택이었습니다. 까도르에서 골목을 따라 나오면 BILLA 슈퍼와 맥도날드가 있어 물과 약간의 먹을거리를 사서 아침을 해결하면 됩니다. 이 근처에는 약국과 쇼핑도 할 수 있는 상점들이 꽤 있습니다.
아침을 해결하셨으면 리알토 다리쪽으로 이동합니다. 지도가 있어도 골목이라 위치를 찾기가 쉽지 않기 때문에 물어가면서 리알토 다리쪽으로 이동하는게 좋습니다. 15분 정도면 리알토 다리가 나옵니다.

처음 자녀와 함께 떠나는 유럽 자존감 여행

스칼치 다리

리알토 다리

아카데미아 다리

탄식의 다리

베네치아에서 알아야 하는 다리가 스칼치다리, 리알토 다리, 탄식의 다리, 아카데미아 다리(위 사진참조)의 4개입니다. 사진으로 다리를 확인하셔야 나중에 위치를 정확히 알수가 있습니다.

베네치아는 지도를 보지 않고 가고자 하는 방향만 확인하면서 골목골목을 누비는 게 베네치아를 여행하는 좋은 방법이라고 합니다. 골목을 다니다 보면 자신이 좋아하는 풍경과 재미를 찾을 수 있으니까요.

골목을 누비다 보면 정말 다리가 아픕니다. 특히 여름에는 우리나라의 여름날씨와 비슷해서 습하기 때문에 물을 많이 마시면서 이동하셔야 합니다. 까도르에서 물과 먹을거리를 사서 가방에 넣고 다니세요. 리알토 다리에서 산 마르코 광장으로 가야 하기 때문에 퍼 마르코Per Marco의 이정표를 확인하면서 가셔야 길을 헤매지 않습니다.

리알토 다리의 맥도날드에서 왼쪽으로 두 번째 골목으로 들어가서 명품상점들이 나오면 잘 가

237

고 계시는 거에요. 골목을 어느정도 지나가면 산 마르코 광장이 나옵니다. 산 마르코 성당은 828년부터 짓기 시작해 15세기에 완공이 된 성당으로 광장과 성당이 베네치아의 상징입니다.

광장에는 비둘기의 먹이를 팔고 먹이를 주면 비둘기가 많이 모이는 데 사진도 찍으면서 추억을 남기죠. 하지만 실제 해보면 비둘기가 너무 많아 낭만만 있는 건 아니에요.

광장에는 고고학 박물관을 비롯한 여러개의 박물관이 있는데 예전에는 행정관청으로 사용된 공간이었습니다. 광장에는 날개달린 사자상이 기둥위에 있는데 사자상은 마르코의 상징을 표현해 놓았습니다. 마르코의 유해가 모셔진 이후에는 베네치아의 상징이 날개 달린 사자상으로 바뀌었다고 합니다.

광장에는 적의 침입을 감시하기 위해 종루를 세웠는데 지금은 엘리베이터가 설치되어 베네치아의 아름다운 전경을 보는 전망대 역할을 하고 있습니다. 산 마르코 성당 바로 옆에 있는 건물은 두칼레 궁전이고 입구는 왼쪽으로 돌아가면 있습니다.

성 마르코 성당 정문을 왼쪽에 두고 곤돌라가 보이는 바다 방향으로 걸어가다가 두칼레 궁전을 돌아 왼쪽으로 돌면 정면에 사람들이 많이 몰려있고 뒤에 건물위로 튀어나와 있는 조그만 다리가 탄식의 다리입니다.

두칼레 궁전과 감옥을 잇는 다리로 죄수들이 다리를 건너면서 마지막 바깥 세상을 보며 한숨을 내쉬며 탄식한다고 해서 붙여진 이름이라고 합니다. 우리가 아는 죄수로는 바람둥이 카사노바가 투옥되었다고 합니다. 다들 탄식의 다리라고 사진을 찍기만 하지 그 의미는 잘 알지 못해 설명드렸습니다.

산 마르코 광장과 성당까지 보고 나면 오후 4시 정도는 될거예요. 배도 고프고 피곤하실테니 광장 안쪽의 레스토랑에서 분위기 있는 저녁을 일찍 먹고 아카데미아 미술관이나 리도섬으로 이동하시면 하루의 일정이 마무리됩니다.

리도섬을 꼭 보실려면 먼저 배를 타고 보시고 돌아와서 아카데미아에 내려 다리를 건너면 미술관이 나오는 코스로 계획을 세우셔도 됩니다. 수상버스 1, 2번을 타고 리도섬으로 갔다가 다시 똑같은 번호의 수상버스를 타고 돌아오셔서 아카데미아에서 내려 아카데미아 다리를 건너면 미술관이 있습니다.

Firenze
피렌체

피렌체는 르네상스의 도시다. 르네상스 시대에 활짝 피어 지금도 그 향기로 도시를 감싸고 있는 도시 피렌체. 로마는 고대의 모습을 볼 수 있다면, 피렌체는 르네상스 시대의 모습을 볼 수 있다. 그래서 이 도시에서 융성했던 르네상스의 흔적이 회화와 조각, 건축을 통해 남아 있다. 하지만 좁다란 피렌체의 골목길과 작고 아기자기한 상점과 와인 가게와 바 엔테카 Enteca들을 둘러보는 것이 피렌체 여행의 큰 재미이다.

Firenze

피렌체는 르네상스의 도시입니다. 이탈리아 르네상스를 이끌었던 메디치 가문이 피렌체를 중심으로 활동했기 때문에 르네상스의 회화와 조각, 건축을 통해 남아 있는 도시를 우리는 여행하는 거에요. 피렌체는 15세기의 아기자기한 골목과 작은 상점들이 우리를 르네상스로 초대합니다. 피렌체는 작은 도시이기 때문에 여행자가 대중교통을 이용할 필요가 없습니다.

일정
S.M.N역 → 노벨라 성당 → 산 로렌쵸 성당 → 두오모(지오또의 종탑) → 베끼오 궁 → 우피치 미술관 → 베끼오 다리 → 미켈란젤로 언덕

산 노벨라 성당   델 피오레 성당

역을 나오면 오른쪽의 맥도날드쪽으로 나가면 산타 마리아 노벨라 성당이 있습니다. 정면에는 대리석으로 이루어진 면이 나오고 내부에는 프레스코화로 도미니코 기를란다요의 작품인 '성모 마리아와 세자 요한'의 작품이 있습니다.

정면으로 나와서 안토니노 거리를 걸으면 왼쪽에는 시장이, 오른쪽에는 산 로렌쵸 성당이 나옵니다. 겉모습을 보면 실망하지만 내부에는 르네상스의 작품들이 많이 있기 때문에 꼭 보셔야 합니다. 특히 '청동 설교단'과 '수태고지', '성모마리아의 혼례식'이 가장 유명한 작품입니다. 이 성당에는 메디치가문의 납골당이 있기도 합니다.

로렌쵸 성당을 나와 오른쪽으로 두 번 돌면 싼 지오반니 세례당과 두오모가 나옵니다. 먼저 두오모를 올라가야 합니다. 특히 여름에는 관광객이 많아 일찍 가던지, 오후 늦게 가야 빨리 올라갈 수 있습니다. 두오모는 반구형의 천정인 돔Dome을 뜻하는 말에서 성당에 돔 모양이 많이 쓰이면서 대성당을 뜻하는 말로 변하였습니다.

한때 '냉정과 열정사이'라는 소설이 유명해서 두오모를 걸어서 올라가는 관광객이 엄청 많은 적이 있었습니다. 하지만 실제로 걸으면 한 걸음에 올라가지도 못하고 걸어서 올라가는 걸 후회하시는 분들도 많이 있었습니다.

두오모와 지오또의 종탑, 바티칸 성당이 계단을 따라 올라가기에 가장 높아 힘이 들지만 아름다운 전경을 볼 수 있어 세 곳중에 한 곳은 올라가셔도 좋을 거 같네요. 여름에는 덥고 겨울에는 춥기때문에 올라가기 전에 물이나 방한대책을 세우시고 올라가세요. 성당 안에는 일정 인원만 들어갈 수가 있어서 성수기에는 기다려야 하는 시간이 많아지기 때문에 시간을 오전, 일찍이나 오후 5시를 넘어서 올라가는 것이 좋습니다.

두오모 뒤쪽에는 델 두오모 박물관에 미켈란젤로의 피에타상이 있어서 보시면 좋을 거 같아요. 두오모와 지오또의 종탑은 다른 예술가가 만들었지만 정말 조화가 잘되는 건축물입니다. 지오또의 종탑에서 나오면 칼차이우올리 거리Via dei Calzaiuoli를 따라서 보행자전용도로 양쪽에 쇼핑가가 형성되어 있습니다. 이 도로를 지나면 시뇨리아 광장이 나오고, 광장 다음에 베끼오 궁과 우피치 미술관이 나옵니다.

우피치 미술관은 성수기에는 2시간은 기다려야 볼 수 있을 정도로 관람을 많이 하는 미술관입니다. 그래서 우피치미술관은 다음 날 일찍, 기다려서 보셔야 시간 절약이 되십니다. 오후라면 사진만 찍고 베끼오 다리를 건너갑니다. 이 정도를 오시면 저녁때가 될텐데요.

베끼오다리를 건너면 왼쪽에 레스토랑이 있는 데 여기서 저녁을 드시면 해가 지면서 달라지는 베끼오다리의 모습을 보실 수 있습니다.

저녁을 드시고 아르노강을 따라 내려가시면 미켈란젤로 언덕이 나옵니다. 올라갈때 해지기 바로 전에 올라가시면 피렌체의 해지는 모습과 야경을 동시에 볼 수 있습니다. 미켈란젤로 언덕에서 즐기다가 내려가면 언덕 밑에는 공연도 보실 수 있습니다.

밤에는 조그만 골목들이 많은 피렌체의 거리를 헤멜수도 있으니 도로를 잘 확인하면서 숙소로 돌아가셔야 합니다. 길을 잃어버렸다면 우피치미술관 앞을 찾고 다음에 종탑을 찾아서 이동하면 길을 잃어버리지 않으실 거에요.

Rome

로마

서양역사의 절반정도를 가지고 있는 이탈리아의 수도 로마. 로마를 빼놓고 서양의 역사를 이야기 할 수는 없다. 로마는 인류사에서 가장 오래동안 강력한 제국의 형태를 띤 국가이다. 그래서 오랫동안 서양세계의 중심이 되었고, 서양 문화의 뿌리를 이루게 되었다. 지금, 로마의 모습은 화려한 과거의 명성에 비교하면 초라해 보이지만 수많은 관광객을 불러들이고 있는 매력적인 도시이다. 곳곳에 역사의 흔적을 만나며 과거와의 여행을 할 수 있는 로마를 꼭 여행해 보자.

Rome

첫날은 로마 도심을 가로 지르며 여행하는 로마 도심투어입니다. 로마를 여행하기전에 반드시 로마에 대한 사전 역사와 문화에 대한 지식을 가져야, 지루하지 않고 재미있게 여행할 수 있습니다. 호텔들은 주로 떼르미니역 근처에 있는 곳을 선택하세요. 시설이 좋은 외곽의 호텔을 선택하시는 분들은 시간과 교통비로 고생하기 때문에 로마여행전에 숙소의 위치를 확인하십시오.

일정
콜로세움 → 콘스탄티누스 개선문 → 대전차 경기장 → 진실의 입 → 포로 로마노 → 베네치아 광장(엠마누엑 2세 기념관) → 뜨레비 분수 → 스페인 광장 → 꼰도티 거리 → 포폴로 광장

로마에 처음 도착하면 로마를 상징하는 콜로세움을 보고 싶어합니다. 그래서 콜로세움부터 도보여행을 시작하도록 코스를 만들었습니다. 콜로세움은 항상 입장하는 관광객이 많아 아침 일찍 입장하셔야 합니다. 로마는 소매치기와 이상한 행동을 하는 사람들을 조심해야 합니다. 콜로세움에도 사진을 찍자고 하는 사람하고 되도록 사진을 찍지 말아야 합니다. 사진만 찍었는데 돈을 달라는 어처구니 없는 일이 발생합니다. 아침에 이런 일이 발생하면 하루 종일 기분이 나쁘니 조심하세요. 콜로세움에 도착해 외부의 사진을 찍고 들어가려고 하지 마시고 입장권을 구입하여 내부를 먼저 보고 나와서 외부의 사진을 찍는 것이 시간을 절약하는 방법입니다.

콜로세움은 72년 베스파시아누스 황제가 짓기 시작해 80년에 완공한 원형 경기장으로 5만명의 인원이 한꺼번에 들어갈 수 있습니다. 검투사가 사자 같은 맹수들과 싸워 이기는 잔인한 경기를 보는 경기장입니다. '거대하다'라는 뜻의 콜로세움의 경기장 옆에는 콜로세오라고 하는 네로 황제의 거대한 동상이 있었다고 합니다. 바깥둘레가 527m, 높이가 57m에 이르고 1층부터 도리아식, 이오니아식, 코린

트식의 다른 건축 양식이 모여있는 건축물입니다. 내부를 들어가시면 안의 내용물을 다 볼 수 있도록 개방해 놓아 미로같은 내부의 모습을 볼 수 있도록 해 놓았습니다.

콜로세움 서쪽에는 기독교를 공인한 콘스탄티누스 대제가 자신의 라이벌인 막센티우스를 밀비안 전투에서 이긴 후에 세운 콘스탄티누스 개선문이 있습니다. 벽면에 황제의 업적과 전쟁장면을 그려 놓았습니다. 당시에는 전쟁에서 이기면 개선문을 통과해 황제에게 승전을 보고했다고 합니다. 파리의 개선문도 이 개선문을 본떠 지어졌다고 합니다.

개선문을 지난 후에 선택을 하셔야 하는데요. 포로 로마노로 갈 것이냐, 대전차경기장이냐를 선택하세요. 저는 포로 로마노를 보고 가시는 편이 좋다고 생각합니다. 포로 로마노는 고대 로마 시민의 생활 중심지로 공화정시대에 로마 시민들이 활발한 생활을 했던 지역이었으나 공화정이 쇠퇴하고 황제가 정치의 중심이 되면서 쇠퇴한 지역입니다. 훼손된 형태로 있다가 19세기말부터 발굴되기 시작해 지금도 복원을 하고 있는 지역입니다.

진실의 입을 보고 실망이 크다는 분들의 이야기를 듣고 진실의 입을 보지 않을 것이라면 베네치아 광장으로 바로 가시는 길도 있습니다. 대전차 경기장에서 세베레우스 개선문 옆 계단을 끝까지 올라가면 포로로마노 전체를 볼 수 있는 전망대가 나오며 언덕길 위로 올라가면 캄피톨리오 광장을 지나 코르도나타 계단을 내려가면 오른쪽에 하얀 대리석 건물이 나오는 데 이 광장이 베네치아 광장입니다.

개선문을 따라 내려가 오른쪽으로 돌면 대전차경기장이 나옵니다. 대전차경기장에서 보면 팔라티노 언덕이 있어서 팔라티노 언덕을 올라가지 않으셔도 됩니다. 대전차경기장에는 형태만 남아 경기장이라는 것을 알려주고 있어 실망을 하게 될 수도 있습니다. 대전차 경기장에서는 팔라티노 언덕이 보이기 때문에 그 장소에서 사진을 찍어보세요. 대부분의 팔라티노 언덕 사진을 여기서 찍습니다.

진실의 입을 보려면, 대전차경기장 건너, 19세기의 지도자 마치니 동상이 있고 동상의 오른쪽모퉁이를 돌면 사각형모양의 높은 기둥같은 건물을 보실 거예요. 거기가 진실의 입이 있는 산타 마리아 성당입니다. 앞쪽으로 가시면 진실의 입이 보이는데 많은 관광객들이 줄서 있어 조그만 진실의 입에 손을 넣기위해 줄을 기다리는 시간이 필요합니다.
진실의 입에서 빅토리오 엠마누엘 2세 기념관과 베네치아 광장을 가야 하는데 좀 멀기 때문에 진실의 입에서 휴식을 취하고 이동하세요.

로마시내 주요 도로가 만나는 장소가 베네치아 광장이기 때문에 길을 찾기는 어렵지 않습니다. 큰길을 따라 가다가 행인들에게 물어봐도 잘 가르쳐 줍니다. 엠마누엘 2세 기념관은 광장의 중앙에서 찍어야 전체 모습이 나온 사진을 찍으실 수 있습니다.

베네치아 광장에서 큰 길로 20분 정도 직진하면 콜로냐 광장이 나오고 콜로냐 광장 오른쪽으로 돌면 뜨레비 분수가 나옵니다. 3개라는 뜻의 뜨레비는 분수 설계 공모전에서 우승한 니콜라 살비의 작품입니다. 많은 인구가 있던 로마에서 풍부한 물을 공급하기 위해 분수 설계를 자주 공모하였는데 그 중 가장 아름다운 분수가 뜨레비 분수였다고 합니다.

뜨레비 분수 오른쪽에 약국이 나오고 앞쪽으로 계속 걸어나가면 큰 길이 나옵니다. 횡단보도를 지나 버거킹을 오른쪽으로 돌아가기를 두 번 하면 스페인 광장이 나옵니다. 길을 못찾으셨다면 옆의 행인에게 물어보세요. 처음 스페인 광장을 가는 여행자에게는 힘들지만 로마시민에게는 어렵지 않고 많은 관광객이 찾기 때문에 잘 알려줍니다. 뜨레비 분수에는 이탈리아 피자를 판매하는 가게들이 많고 맛집이 많아서 저녁을 뜨레비 분수 근처에서 드시고 스페인 광장으로 이동하세요.

스페인광장은 1726년에 산크티스가 만든 계단으로 직선 면과 곡선, 테라스를 연결해 만든 계단으로 독특한 풍경을 연출합니다. 여름에는 패션쇼가 자주 열리고, 계단 위에는 데이몬티 교회가 서 있습니다. 계단 앞에 있는 분수는 바르카치아 분수입니다. '쓸모없는 오래된 배'라는 뜻의 바르카치아는 바로크양식의 소박한 분수로 만들어졌다고 합니다. 스페인 광장은 계단에 앉아 있으면서 휴식을 취하고 여행자의 여유를 즐기기에 좋은 공간입니다.

콘도티 거리는 명품거리라고 생각하시면 이해가 쉽습니다. 명품들을 둘러보시면서 끝으로 가면 포폴로 광장이 나오면서 하루 여행이 끝이 납니다. 로마에는 야경을 보는 장소가 다섯개 있는데 뜨레비 분수, 스페인 광장, 포폴로 광장의 야경을 볼 수 있는 도보여행 코스이기도 해요. 나보나 광장과 베드로 성당의 야경을 보시면 로마의 야경이 멋진 다섯곳을 다 보신 겁니다.

FRANCE

프랑스

Paris

파리

파리는 매력이 넘치는 도시다. 에펠탑이 나오는 영화를 보며 사랑을 꿈꾸게 하고, 상들리제 거리에 들어서면 건물과 거리에 예술이 있음을 느끼게 된다. 전통과 현대를 조화시키기 위해 파리는 철저히 계획하고 실행에 옮겨 파리의 멋을 뽐내고 있다.

Paris

파리를 여행하는 방법중에 직접 걸으면서 여행하면 좋은 코스가 있습니다. 첫 번째가 콩코드광장부터 시테섬까지 아니면 오르세 미술관부터 시테섬까지입니다. 콩코드광장은 도보여행 코스 2에 있으니 오르세 미술관부터 시테섬까지가 더 좋아요.

일정
오르세미술관 → 퐁 데 자르 다리 → 콩쉬에르쥐리(여름엔 인공해변) → 노트르담성당

아침, 일찍 오르세미술관을 보시고 나면 12시정도 될 거에요. 오르세에서 시테섬까지 걸어야 하니 오르세미술관 내에 있는 식당에서 점심을 간단히 해결하거나 먹을거리를 싸가지고 오셔서 먼저 배를 채우고 시작하는 것이 좋습니다.

오르세 미술관을 끼고 오른쪽으로 걸어나면 세느강이 나옵니다. 세느강을 따라 걷기만 하면
되니 길을 잃을까 걱정도 필요없습니다. 파리지앵이 되겠다는 생각을 가지고 출발합니다.
걸어가다 보면 바토무쉬등을 비롯한 세느강의 유람선들이 다니고 오리들도 보이고요. 강
가에는 그림을 그리는 사람들과 그림을 파는 가게들이 있습니다. 걷다가 힘들면 세느강변
에 앉아 쉬다가 가시면 여유를 즐기는 파리지앵이 된 기분이 느낄 수 있습니다.

다리는 처음이 퐁 두 카루셀 다리가 나오고 그 다음에 보행자 전용다리인 퐁 데 자르 다리
가 나오는 데 퐁 데 자르 다리는 사랑의 다리로 유명하죠. 카뮈, 샤르트르, 랭보 등이 다리
위에서 세느강을 바라보며 작품을 구상해서 유명했는데 지금은 사랑의 다리로 많은 여행
자들이 다리에서 사진도 찍고 자물쇠도 달며 사랑을 맹세하기도 합니다.
아카데미 프랑세즈를 볼 수 있을때가 되면 많이 힘들 수도 있습니다. 조금만 참아보세요.
거의 다 와 있을거에요.

파리 시민들은 여름의 바캉스 시즌이 되면 노르망디, 니스 등으로 떠났지만 어려운 경제난이 가중되면서 바캉스가 힘들게 되었을 때 2002년 좌파의 베르트랑 들라노에 파리시장이 계획한 파리해변이란 뜻의 '파리 플라쥬'가 7월 말부터 8월 말까지 세느강변에 펼쳐집니다. 수백개의 파라솔과 목재 화분에 야자수도 임시로 설치되어 있고 음악회, 전시회, 영화 시사회 등 다양한 행사가 열려 바캉스를 못가는 시민에게 위로를 주고 관광객들에게는 색다른 장면을 보여줍니다.

인공해변이 별거 아닐거야라고 생각하시면 오산입니다. 샤워장, 파라솔, 놀이시설등이 있어 멋진 파리의 하나로 생각됩니다. 직접 해변에서 쉬다가 이동하시는 것도 좋은 생각입니다. 인공해변이 나온 후에 조금만 걸으면 먼저 높다란 노트르담 성당이 보입니다. 이제 끝이 보이는 거죠. 배고프다고 중간에 아무거나 사 드시지는 마세요. 노트르담 근처에는 정말 먹을 곳이 많답니다.

노트르담 성당이 나오면 퐁네프다리도 나오고 시테섬으로 다가가죠. 시테섬에는 파리경시청, 최고재판소, 콩쉬에쥐르, 노트르담성당, 생샤펠성당이 있습니다. 노트르담성당은 입장하려면 시간이 많이 걸리기 때문에 인근을 먼저 둘러보는 게 좋습니다.

꽃시장에 가서 아기자기한 꽃들을 보고 14세기 초 왕궁으로도 씌였지만 16세기부터 감옥으로

사용되고 프랑스대혁명때 마리 앙투아네트가 갇혀 있던 방이 있는 콩쉬에쥐리도 보십시오. 힘들다고 그냥 사진만 찍고 가시는 분들이 많으신데 나중에 후회하십니다. 오른쪽으로 가시면 생 미셸광장이 나오는데 여기에는 많은 맛집들과 카르프마트도 있어 맛있는 프랑스음식들과 필요한 물건도 싸게 구입할 수 있습니다.

힘을 보충하고 노트르담성당을 들어가서 보시면 하루일정이 끝날 겁니다. 오르세 미술관부터 노트르담성당까지 보고 저녁까지 드시면 하루의 일정을 알차게 보낸 기분이 드실거에요. 그리고 좀 많이 피곤하실테니 다음날의 일정을 위해 저녁에는 쉬시는 것이 좋습니다.

파리를 여행할 때 꼭 빼놓지 않고 입장하는 곳이 오르세미술관과 루브르박물관입니다. 오르세미술관부터 시테섬까지 도보로 여행하는 코스를 소개시켜드렸는데 이번에는 루브르박물관을 본 후 개선문까지 도보로 여행하는 코스를 소개하겠습니다.

일정
루브르박물관 → 튈르리정원 → 콩코드광장 → 샹들리제거리 → 개선문

루브르박물관은 아침에 일찍 입장하셔야 합니다. 조금 늦는다면 많은 관광객들로 인해 기다리는 시간만 1시간이 넘을수도 있습니다. 특히 여름이라면 점심 이후에는 입장하는데 2시간 정도는 기다릴수도 있으니 아침에 입장하는 일정으로 계획하시는 것이 좋습니다.

루브르박물관과 그 옆에 있는 튈르리정원을 보신다면 점심시간 정도가 되어 밖으로 나오실 거에요. 여름에는 튈르리정원에 놀이공원을 꾸며 놓고 그 안에는 식사를 할 음식도 팔고 있으니 점심을 먹고 이동하시는 것이 좋습니다. 조금 비싸게 분위기를 내고 싶으시면 루브르박물관 앞에 가게들과 그 옆 코너를 돌면 음식점이 있어서 파리의 카페를 체험하며 식사를 할 수도 있습니다.

튈르리정원을 지나 콩코드광장의 횡단보도위에는 아 이스크림과 간단한 요기거리는 팔고 있으니 요기만 하시고 상들리제거리에서 식사를 하셔도 됩니다. 콩코 드광장에서 사진을 찍고 나서 개선문이 보이는 거리 가 나옵니다. 그 거리를 따라 가시기만 하면 오늘의 여 행코스를 끝낼 수 있습니다. 개선문이 보여 거리가 가 깝다고 생각하시면 안되세요. 상들리제거리에 들어서 기까지 1시간 정도가 걸릴 수도 있습니다. 그래서 점심 때가 되었다면 어떻게든 먹고 이동하셔야 힘들지 않 습니다.

콩코드광장은 루이 15세의 동상을 세우기 위해 처음 만들었는데 이후 프랑스대혁명때는 단두대가 설치되기도 했습니다. 피비린내 나는 피의 역사를 화합의 역사로 바꾸기 위해 화합이라는 뜻의 콩코드광장으로 불리워졌고 나폴레옹이 이집트 피라미드에서 가져온 3200년 된 조각품인 오벨리스크가 화려한 분수 가운데에 서 있습니다.

또 오벨리스크를 등지고 보면 그리스 신전풍의 대리석 건물이 보이는 데 이것이 마들렌 사원입니다. 이 두 개는 꼭 보고 가셔야 합니다. 콩코드광장에서는 시간을 두고 역사적인 의미와 휴식의 개념으로 쉬고 가시는 것이 좋아요. 앞으로 많이 걸어가야 하니까 저는 항상 콩코드광장에서 아이스크림을 먹고 물을 사서 이동합니다.

개선문을 보면서 걸어가시면 간단히 오늘의 코스에 대한 걱정이 사라질거에요. 개선문까지 걸으면서는 점점 커지는 개선문을 찍는 것도 좋아요. 해가 질때는 시간에 따라 개선문의 색깔이 바뀌면서 아름다운 개선문의 사진을 찍을 수도 있지만 점심때에는 파란 하늘과 구름이 함께 조화를 이루는 개선문을 보실 수 있어요.

처음에 개선문까지 걸어갈 때는 시간가는 줄 모르고 중앙도로에서 개선문 사진을 찍었던 적도 있습니다. 걸어가다 보면 양 옆의 많은 아름다운 건축물이 있어서, 여유를 가지고 걸어가시면 좋습니다. 상들리제거리에 들어가는 곳에는 인력거같이 탈 수 있는 자전거들이 늘어서 있는데 그 걸 타는 것도 색다른 경험이 되실 겁니다.

상들리제거리는 많은 쇼핑거리들과 음식점들이 늘어서 있습니다. 상들리제거리에 도착하면 점심을 먹었더라도 배가 고프실거에요. 여기에는 맛나는 먹을거리들이 많이 있으니 드셔보세요. 거리에는 카페들이 들어서 있어서 파리의 노천카페를 경험할 수 있는 기회도 되실겁니다. 세포라 등의 화장품가게들과 루이비통같은 명품이 들어서 있는 상들리제거리는 관광객과 파리시민이 한데 엉켜 정말 사람들이 많아서 소지품의 주의를 하셔야 합니다.

다 구경하면 2시간 정도는 지나가실 거에요. 보통 지금의 코스로 이동하면 개선문을 올라가려고 할 때 4시 정도 지나 있습니다. 이제 개선문을 올라가시는 마지막 이동입니다. 개선문은 지하도를 따라 가면 긴 줄이 있으니 거기에서 줄을 서서 이동하면 입장권을 사서 올라가면 됩니다. 15세이하는 공짜였는데 지금은 입장료를 내야 합니다.

둥그런 계단을 따라 올라가면 올라갈때는 힘들어도 올라가시면 힘들게 올라간 보람이 있어요. 뻥 뚫린 계획도로들과 에펠탑을 보면 입장료도 아깝지 않습니다.

Spain

스페인

Barcelona
바로셀로나

바로셀로나는 관광의 중심지인 카탈루냐 광장에서 항구까지 길게 뻗은 람블라스 거리를 중심으로 한 고딕 지구가 바둑판처럼 펼쳐져 있다. 핵심 관광지는 람블라스 거리와 고딕 지구에 몰려 있다. 대부분의 관광객은 20세기 천재 건축가 안토니오 가우디의 열정과 예술혼이 담긴 건축물을 만나기 위해서 바로셀로나를 찾는다.

이 때문에 가우디 투어가 만들어졌을 정도다. 가우디 투어를 신청하여 돌아봐도 좋지만, 천천히 가우디의 작품을 중심으로 시내를 둘러보는 일정을 추천한다. 가장 멀리 떨어져 있는 구엘 공원을 시작으로 둘러보자.

일정(가우디 건축물 중심)
구엘 공원 → 사그라다 파말리아 성당 → 카사 밀라, 카사 바트요 → 카탈루냐 광장 → 람블라스 거리 → 스페인 광장

구엘 공원은 가우디의 독창적인 건축양식의 정수를 맛볼 수 있는 곳이다. 바르셀로나 시내 언덕 위에 있어 입구부터 둘러보면 1시간 정도 걸린다. 가우디의 후원자였던 구엘이 동경하던 영국의 전원도시를 꿈꾸며 가우디의 설계에 맞춰 계획된 공동 주택지였다.

자금 문제로 계획은 중단되었지만, 자연과 조화된 가우디의 특징과 예술성을 잘 보여준다. 느긋하게 걸으면서 동화 속 공원 같은 구엘 공원을 여유롭게 감상할 것을 추천한다.

구엘 공원에 이어 가우디의 평생 역작이라 할 수 있는 사그라다 파밀리아 성당으로 발걸음을 옮겨보자. 사그라다 파밀리아 성당은 멀리서 보면 옥수수 모양의 종탑 12개가 하늘을 향해 높이 솟아 있다. 12개의 종탑은 예수의 12제자를 상징한다. 성당 지하에 가우디의 유해가 모셔져 있고, 성당 건축의 역사를 기록한 자료가 전시된 박물관이 있다. 아직 미완성의 상태지만 가우디는 사그라다 파밀리아 성당을 완성하기 위해 다른 작품을 거절하고 오직 이곳에만 매달리다 초라한 행색으로 죽음을 맞이했다. 이후 다른 건축가들에 의해 성당 건축 작업이 계속되고 있다.

카사밀라와 카사바트요는 서로 가까이에 위치하고 있다. 카사밀라는 가우디의 설계로 5년에 걸쳐 지어졌다. 곡선미를 강조하여 마치 파도가 치는 듯한 모습을 하고 있으며, 석회암으로 지어진 하얀색 건물이다. 카사바트요는 동화적인 요소가 많은 재미있는 건축물이다. 특히 다양한 색상의 타일로 모자이크를 하듯 치장한 건물 벽과 기이한 모습을 한 테라스가 인상 깊다.
이렇게 가우디 건축물을 중심으로 둘러본 후 바르셀로나 시내에서 가장 활기찬 카탈루냐 광장에서 잠시 쉬었다가 콜럼버스 기념탑이 있는 항구까지 둘러보면 시내를 거의 다 볼 수 있다. 특히 여름이면 스페인 광장에서 펼쳐지는 레이저 분수쇼가 환상적이다. 분수쇼는 밤 10시부터 시작된다.(목~일요일, 22~23시)

Western Modern Art & France

서양 근대 미술 & 프랑스

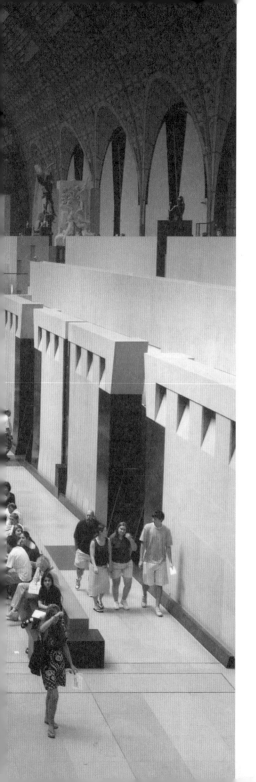

프랑스는 영국과의 백년 전쟁이후 영국은 프랑스 땅에서 물러나면서 왕권이 강화되면서 강대국이 되기를 바랬다. 프랑수아 1세부터 루이 13세와 14세를 거치면서 정복 전쟁과 함께 수집된 방대한 미술품이 토대가 되었다.

르네상스

르네상스는 '다시 태어나다'라는 뜻이며, 14~16세기 이탈리아 미술이 고대 그리스, 로마의 고전 미술을 부활시켰다는 의미에서 붙여진 이름이다. 당시의 미술가들은 인간과 사물을 있는 그대로 그림과 조각에 표현하고 싶어 했다. 이렇게 표현하는 데 가장 큰 공헌을 한 것은 원근법의 발견이었다.

원근법은 먼 곳의 물체는 작게, 가까이 있는 물체는 크게 그리는 방법이다. 르네상스 예술가들은 원근법을 받아들여 평평한 화면 위에 그려진 사물을 진짜처럼 보이게 했다. 이들은 엄격한 구도, 완벽한 비례, 명암법, 원근법과 같은 르네상스가 만들어 낸 기법을 총동원하여 미술사에 길이 남을 위대한 걸작들을 남겼다.

레오나르도 다빈치는 말년에 프랑수아 1세의 요청으로 프랑스로 건너왔고 그때 모나리자를 가져왔다. 프랑수아 1세는 레오나르도 다빈치를 극진히 모셨고, 1519년, 다빈치가 프랑수아 1세의 품안에서 죽음을 맞이할 정도로 두터운 사이였다. 사후에 다빈치의 제자들에게 모나리자를 구입하여 프랑스 루브르 박물관에 있게 된 것이다.

암굴의 성모

레오나르도 다빈치는 밀라노 공국의 형제회가 의뢰한 작품을 완성하지 못하고 이탈리아 남부로 여행을 했다. 급하게 그림을 완성하려고 했던 다빈치는 남부지역에서 본 기암괴석을 배경으로 삼고 아기 예수, 성 요한, 천사를 그려냈다. 현실성있게 대상을 그려냈다는 평가를 받은 이 그림은 런던의 내셔널 갤러리에 한 점 더 있다.

바로크 미술(17세기)

17세기에는 바로크 미술이 유행했다. 미술의 주제도 르네상스 시대에 주로 그려진 종교와 신화뿐만 아니라 생활 주변의 소재나 일상생활의 장면들로 다양해졌다. 프랑스와 스페인에서는 강력해진 왕권을 과시하기 위해 크고 웅장한 궁전을 짓고 화려하게 장식했다. 또한 왕실의 지원을 받은 궁정 화가를 두어 그림을 그리게 했다. 그래서 베르사유 궁전이 지어지고 루벤스, 벨라스케스, 반다이크 같은 궁정 화가들이 활발히 활동했다. 스페인은 고야가 궁정화가로 유명했다.

루이 14세의 초상화

베르사유가 만들어지면서 바로크 건축과 미술을 화
려하게 유럽 미술의 중심으로 떠올랐다. 루이 14세
는 휘장을 크고 붉은 벨렛에 대조시키고 금색의 대
리석 바닥으로 부유하다고 표현했다. '리고 이야생
트'는 루이 14세가 초상화를 매우 만족하여 프랑
스 귀족들의 전속 초상화를 그리게 되었다.

렘브란트Rembrant는 17세기 유럽을 대표하는 화가로
자화상을 그려 유명하지만 1642년에 그린 야경으로
혹평을 당하면서 말년은 비참했다. 존재를 가장 확
실하게 표현하기 위해 어두운 배경으로 인물에 초
점을 맞추었다.

루벤스Rubens는 화려한 바로크 기법을 직접 이탈리
아에서 배워 오면서 귀족들을 화려하게 그려내 인
기를 얻었다. 렘브란트와 다르게 명성과 함께 부를
같이 누린 화가로 렘브란트와 대조된다.

로코코 미술(18세기)

프랑스 왕궁에서 시작되어 유럽으로 퍼져 나간 로코코 미술은 화려하고 사치스러운 생활을 한 귀족들을 위한 미술이었다. 로코코 미술은 밝고 섬세한 여성미가 강조된 미술이라 할 수 있다. 그래서 그림에 화려하고 밝은 색채를 즐겨 썼으며, 귀족의 연애나 파티, 오락 등을 주제로 한 그림을 많이 그렸다. 대표적인 로코코 화가로는 와토, 부셰, 샤르댕, 프라고나르 등이 있다.

프랑스 로코코 양식의 시작은 와토^{Watteau}이다. 1719년에 와토가 그린 '질'은 너무 큰 옷을 흘러내리게 입은 모습이 상징적이다. 화려한 로코코와 다른 다소 우울하다는 평도 있다.

▼ 마담 퐁파두르 로코코 양식을 대표하는 그림으로 루이 15세의 정부로 알려진 퐁파두르 부인의 화려하다.

'로코코Rococo'라는 단어는 분수를 장식하는 조약돌이나 조개 약식이라는 뜻의 로카이유에서 유래되어 실내 장식에 화려하게 표현하기 위해 만들어진 양식이다. 곡선이 많이 사용되면서 우아한 느낌을 살리기 위해 섬세하게 다양한 문양을 사용했다. 그래서 유럽의 귀족들이 특히 사랑하는 양식이다.

신고전주의 미술(18세기 후반)

18세기 후반에 프랑스 혁명이 일어나자 귀족들의 로코코 양식 대신 혁명의 분위기에 맞는 신고전주의 미술이 유행했다.

이 시기에는 고대 그리스, 로마를 이상으로 삼았다. 따라서 신고전주의는 대상을 꼼꼼하게 관찰해 사물의 형태와 명암이 정확하게 드러나도록 했으며, 단순한 구도와 붓자국 없는 매끈한 화면이 특징이었다. 주로 서사적이고 영웅적인 이야기가 그려졌다. 대표적인 화가로는 다비드와 앵그르가 있다.

▼ 나폴레옹 황제의 대관식 궁정화가인 자크 루이 다비드는 나폴레옹이 직접 왕관을 쓰는 장면을 그렸다.

신고전주의는 나폴레옹의 등장과 함께 프랑스의 영웅으로 등극한 나폴레옹과 함께 화려한 로코코 양식에 반발하면서 시작되었다. 조화와 균현을 중시한 고전주의를 따르면서 혁명 후에 다시 나타난 나폴레옹은 프랑스 혁명이 유럽으로 퍼져나가는 데 중요한 역할을 하였고 신고전주의도 같이 퍼져 나갔다.

큐피드와 프시케
잠에 깊이 빠진 프시케는 죽음까지 이를 정도로 깊었는데, 이를 키스로 깨우는 큐피드를 묘사했다. 남녀간의 사랑을 우아하게 표현했다고 평가된다.

앵그르의 샘 &그랑 오달리스크
이상적으로 여인들의 몸매가 아름답다고 생각한 앵그르는 신고전주의 회화를 완성했다고 평가받는다. 균형과 비례를 중시해 여성을 그렸지만 섹시함과 우아한 여성의 몸매를 강조하면서 과장되게 표현하기도 했다.
특히 그랑 오달리스크에서 관능적인 여성을 표현하려고 비현실적인 여인을 표현하기 위해 옷을 벗고 비스듬히 누운 여인을 그린 그림이다. 이후 '오달리스크'라고 부르기 시작했다.

낭만주의 미술(19세기 전반)

신고전주의에 반발해 낭만주의 미술이 19세기에 시작되었다. 낭만주의 화가들은 이제 교회나 궁전을 위하여 그림을 그리지 않았고, 원하는 주제를 느낀 대로 자유롭게 그렸다. 주로 문학에서 영감을 얻었으며, 그림의 주제도 꿈, 신비, 밤, 먼 나라에 대한 동경, 자연에 대한 것이었다. 낭만주의를 대표하는 화가로는 들라크루아, 제리코, 터너, 고야 등이 있다.

1830년에 파리에서 일어난 7월 혁명을 그린 작품으로 들라크루아는 아카데미에서 배운 그림이 아닌 강렬한 색감과 굵은 붓 터치로 프랑스 시민이 개혁하는 장면을 묘사했다. 시민의 상을 표현하기 위해 여신의 가슴을 노출하고 가운데 여신을 놓아 여신이 중심에 서도록 했디.

메두사호의 뗏목
들라크루아와 같은 구도의 작품으로 제리코는 1816년 세네갈 바다에서 일어난 메두사호의 난파 사고를 그린 작품이다.

선장과 부선장, 일부 선원들은 150여명의 노예를 두고 자신들만 살기 위해 떠났고 남겨진 선원들과 노예들은 작은 뗏목에 의지해 살아남아야 했다.
뗏목에 버려진 시체들과 죽은 아들을 안고 슬퍼하는 노인의 모습들이 서사에 가깝게 묘사했다.

인상주의 미술(19세기 후반)

19세기 후반은 유럽인들에게 '더 이상의 기술적 발전은 없다.'라고 할 정도로 희망찬 시기였다. 자신감에 찼다는 결과물은 19세기 파리의 만국박람회였다. 제3공화국 시대인 1878년 3월 1일에 개막했으며, 두 달 후인 6월 30일은 프랑스의 국경일로 정부는 이 국경일에 민중들에게 공화주의를 지지하는 마음을 표출할 기회를 마련해 주었다. 이에 군중들은 이 날 그들의 애국심을 한껏 떠들썩하게 표현하였으며, 그로 인해 파리의 모든 거리들은 깃발들로 뒤덮였다.

희망찬 시기에 이전의 미술과는 완전히 다른 '인상주의'라는 새로운 미술이 등장했다. 인상주의 화가들은 그림 도구를 싸들고 밖으로 나가 야외에서 그림을 그렸다. 야외의 밝은 태양 아래에서는 사물이 항상 같은 모습과 색채로 보이지 않는다는 것을 중요하게 생각했다. 인상주의 화가로는 모네, 르누아르, 드가, 마네 등이 있다.

클로드 모네
(Claude Monet, 1840!1926) 수련

인상주의 화풍의 창시자로 알려진
클로드 모네^Claude Monet^(1840–1926)는
1871년 아르장퇴유^Argenteuil^에 처음으
로 집을 구한 이후 1926년 지베르니
^Giverny^에서 사망하기까지 많은 시간
을 꽃이 있는 정원에 쏟아 부었다.
1890년대에 경제적인 성공을 거둔
이후로 그는 1893년 지베르니에 이
사를 하면서 정원을 조성하고 일본
식 다리를 놓았다. 1899년 6월 다리
의 풍경을 주제로 하는 연작을 시작
하여 18개의 연작을 제작하였다.

물랭 드 라 갈레트의 춤

르누아르^Auguste Renoir^는 1876년, 파리의 몽마르트르에 있는 물랭 드 라 갈레트는 19세기 말
경 파리지앵들로부터 사랑받던 무도회장을 소재로 삼았다. 일요일 오후가 되면 젊은 파리
의 연인들이 모여들어 햇빛을 받으며 춤과 수다를 즐기던 장소였기 때문이다.

르누아르는 분위기를 고스란히 화폭에 담아 보고자 작업을 위하여 근처의 아틀리에를 얻
고 1년 반 가까이 매일 이곳을 드나들면서 수많은 스케치와 습작을 만들어 냈다. 그는 120
호나 되는 대형 캔버스를 아틀리에에서 몽마르트르의 무도회장까지 매일 가지고 가서 현
장의 정경을 직접 묘사하였다고 한다.

초여름의 햇빛이 나무 사이를 비
추는 서민적인 야외 무도회장에
서 무리를 이룬 젊은 남녀들이 춤
과 놀이를 즐기는 모습이 생생하
게 표현되어 있다. 그림에 등장한
인물들의 다양한 동작들은 우아
하고 아름답게 표현되어 있다. 어
두운 명암을 쓰지 않고도 햇빛과
그림자의 효과를 창조해 내는 르
누아르의 기법이 두각을 나타내
는 작품이다.

후기 인상주의 미술(19세기 말)

인상주의 안에서 개성을 더욱 발전시킨 후기 인상주의 미술이 나타났다. 세잔, 고흐, 고갱으로 대표되는 후기 인상주의 화가들은 빛과 색채로 자신들의 느낌과 감정을 다양하게 표현하려고 했다. 이들의 개성적인 그림은 21세기 미술에 큰 영향을 미쳤다.

세잔은 정물화의 아버지, 유화의 창시자라고 불리운다. 안정된 건축적인 구도, 견고한 형태, 청과 등색을 기초로 하는 명쾌한 색채 감각 등이 특징적이고 또 만년의 초상화에서는 깊은 인간통찰을 그렸다. 평생 동안 데생을 많이 하였고 후반에는 수채화를 즐겼고, 그 기법은 만년의 유화에도 나타난다. 큐비즘을 비롯한 현대의 모든 유파에 지대한 영향을 주었다.

쉰 살을 넘기면서 오랫동안 화가 생활을 해 왔음에도 불구하고 여전히 인정받지 못하고 있었던 세잔은 '카드놀이'라는 주제를 통해 새로운 도전을 하기 시작했다. 주변적인 요소나

극적인 묘사들을 배제하고 주제와 구성을 단순화시켰다. 적절한 장면을 연출하기 위하여 그는 액상프로방스 지방의 자 드 부팡 마을의 농부들을 화폭에 그려 넣었다.

평생 가난하게 살았지만 사후에 인정을 받은 빈센트 반 고흐 Vincent van Gogh는 인상파의 밝은 그림과 일본의 판화에 접함으로써 렘브란트와 밀레 화풍의 어두운 느낌을 걷어내고 밝은 화풍으로 바뀌었으며, 정열적인 작품 활동을 하였다.

자화상이 급격히 많아진 것도 이 무렵부터였다. 파리라는 대도시의 생활에 싫증을 느껴 1888년 2월 보다 밝은 태양을 찾아서 프랑스 아를로 이주하였다. 아를로 이주한 뒤부터 죽을 때까지의 약 2년 반이야말로 빈센트 반 고흐 예술의 참다운 개화기였다.

Italy's Journey to the
Age of Architecture

건축으로 시대를 보는 이탈리아 여행

이탈리아 여행은 대부분 수도인 로마에서 시작한다. 그런데 볼 건축물이 너무 많아서 그저 사진만 찍는 여행이 되기 쉽다. 건축으로 시대를 구분하면서 볼 필요가 있다. 이탈리아에는 제국이었던 로마가 오랫동안 자리하고 있었기 때문에 기원전 건축물이나 유적들이 상당히 많다.

Tip 시대를 보아야 하는 이유

이탈리아는 서로마가 멸망하고 중세에 유럽 전역에 기독교 문화를 전파하는 동안 중세 건축 양식이 만들어지기도 했다. 르네상스의 시작이었던 토스카나 지방의 피렌체를 중심으로 건축을 보면서 여행하게 된다. 이탈리아가 쇠퇴하던 시기에 로마에 바로크 양식이 나타나고 통일 이탈리아를 향한 민족주의시기에 이탈리아 건축을 구분하면서 보아야 여행이 즐거워질 수 있다.

로마 제국
(Roman Empire / ~4세기 까지)

로마의 제국 시대에 로마는 다른 제국과 다르게 시민들을 위한 건축물과 생활을 윤택하게 하는 수로교가 있었고 시민들에게 즐거움을 주기 위해 콜로세움을 만들었다. 그러므로 시민에게 나누어주기 위해 정복 전쟁을 지속할 수밖에 없었다.
황제들은 자신들이 얼마나 뛰어난지 알리는 방법으로 전쟁을 해 얻은 것들을 시민들에게 나누어 주었다. 또한 이때 개선문이나 돔 형태의 디자인으로 천사의 디자인이라고 불린 판테온을 탄생시켰다.

비잔틴 양식

(Byzantine / 5~14세기)

서로마가 멸망하고 나서 이탈리아 반도는 분열된 상태로 도시들이 성장하던 시기였다. 당시에는 동로마인 비잔틴 제국으로 남아서 제국을 유지하고 있었기 때문에 비잔틴 제국의 영향을 받지 않을 수 없었다.

로마네스크 양식
(Romanesque / 8~13세기)

서로마가 멸망하면서 바티칸은 홀로 침입을 대비할 수 없었다. 그들은 로마의 영광에 기대 었던 프랑크 왕국을 비롯한 왕실에 로마제국의 후예임을 인정하고 유럽에 기독교 전파를 하면서 중세를 호령했다. 10세기부터는 로마의 흔적을 보여주는 건축물이 탄생하게 된다. 침입에 대비하기 위해 건물의 정면은 두껍고 으리으리하게 창문은 작게 만드는 로마네스 크 양식을 볼 수 있다.

고딕 양식
(Gothic / 12~16세기)

십자군 원정이 시작된 14세기는 중세의 교황은 무소불위의 힘을 가진 시대였다. 이때는 하늘에 있는 하나님에게 닿고자 하는 인간의 열망을 현실화시키려고 하였다. 높은 첨탑과 대리석으로 화려하게 장식하고 뾰족한 모양의 아치와 스테인드글라스로 화려하게 내부에 그림을 그려 기독교 문화를 전파하였다.

르네상스 양식
(Renaissance / 14~16세기)

르네상스는 십자군 원정 이후 약화된 교황의 힘은 많은 문제를 노출하면서 사람들은 새로운 세상이 있음을 알게 되었다. 특히 비잔틴 제국이 이슬람 세력에게 무너지면서 비잔틴 제국의 발전된 문화와 건축 등은 이탈리아에 직접적으로 변화하는 힘을 주었다. 이렇게 탄생한 르네상스 시대는 '이성, 로마의 회귀, 규칙'이라는 특징으로 건축물에 영향을 주었다. 특히 비잔틴 양식의 대표적인 돔 형태가 르네상스에 나타나게 된다.

바로크 양식

(baroque / 17~19세기)

르네상스 시기가 지나고 지중해 무역이 오스만 투르크 제국에게 막히면서 이탈리아의 르네상스는 급격하게 쇠락한다. 대항해 시대가 시작되면서 서유럽의 각 나라들이 힘을 기르면서 이탈리아의 각 도시들은 그들에게 정복당하는 상황에 이른다.

그들은 이성에 따르는 르네상스에 대항해 뒤틀리고 파도가 보여주는 불안정성을 건축에 보여준다. 정복은 당했지만 아직까지 건축이나 문화의 중심은 이탈리아라는 자신들의 힘을 파도로 형상화했다.

조대현

현재 스페인에 거주하면서 63개국, 198개 도시 이상
을 여행하면서 강의와 여행 컨설팅, 잡지 등의 칼럼
을 쓰고 있다. MBC TV 특강 2회 출연(새로운 나를
찾아가는 여행, 자녀와 함께 하는 여행)과 꽃보다 청
춘 아이슬란드에 아이슬란드 링로드가 나오면서 인
기를 얻었고, 다양한 강의로 인기를 높이고 있으며 "
해시태그" 여행시리즈를 집필하고 있다. 저서로 아이
슬란드, 모로코, 가고시마, 발트 3국, 블라디보스토크,
조지아, 폴란드 등이 출간되었고 이탈리아, 오스트리
아, 프랑스, 스페인 북부 등이 발간될 예정이다.

폴라 http://naver.me/xPEdlD2t

처음 자녀와 함께하는 유럽 자존감 여행

인쇄 | 2023년 12월 20일
발행 | 2024년 1월 10일

글 | 조대현
사진 | 조대현
펴낸곳 | 해시태그출판사
편집 · 교정 | 박수미
디자인 | 서희정

주소 | 서울시 강서구 허준로 175
이메일 | mlove9@naver.com

979-11-93069-73-8(03920)

※ 일러두기 : 본 도서의 지명은 현지인의 발음에 의거하여 표기하였습니다.